MARCO POLO

ERZGEBIRGE
VOGTLAND

Reisen mit **Insider Tipps**

W0355967

Wir lieben die stillen Dörfer, die kleinen Städte mit den gewaltigen Hallenkirchen und die weiten Wälder. Fasziniert sind wir immer wieder von den farbenfrohen Paraden der Bergleute und dem Lichterglanz zur Weihnachtszeit.
MARCO POLO Autoren Kerstin Sucher und Bernd Wurlitzer
(siehe S. 123)

ERZGEBIRGE

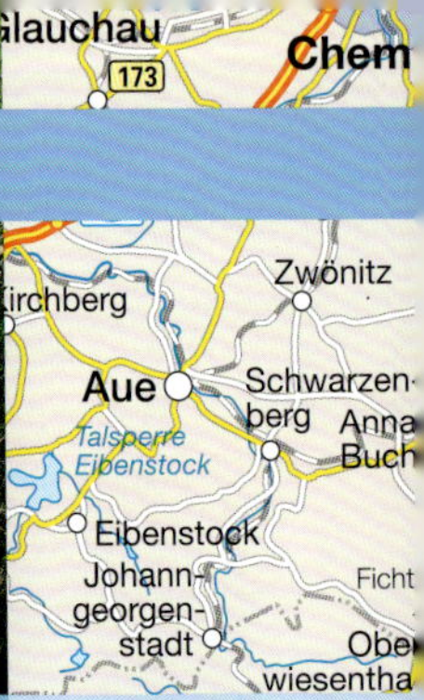

> SYMBOLE

Insider Tipp **MARCO POLO INSIDER-TIPPS**
Von unseren Autoren für Sie entdeckt

★ **MARCO POLO HIGHLIGHTS**
Alles, was Sie im Erzgbirge und im Vogtland kennen sollten

SCHÖNE AUSSICHT

WLAN-HOTSPOT

▶▶ **HIER TRIFFT SICH DIE SZENE**

> PREISKATEGORIEN

HOTELS

€€€ über 110 Euro
€€ 80–110 Euro
€ unter 80 Euro

Preis für zwei Personen im Doppelzimmer mit Frühstück in der Hochsaison

RESTAURANTS

€€€ über 15 Euro
€€ 10–15 Euro
€ unter 10 Euro

Preis für ein Hauptgericht ohne Vor- und Nachspeise und ohne Getränke

> KARTEN

[110 A1] Seitenzahlen und Koordinaten für den Reiseatlas Erzgebirge

Karten zu Chemnitz, Kurort Oberwiesenthal und Plauen finden Sie im hinteren Umschlag

Zu Ihrer Orientierung sind auch die Orte mit Koordinaten versehen, die nicht im Reiseatlas eingetragen sind

INHALT

> SZENE

S. 12–15: Trends, Entdeckungen, Hotspots! Was wann wo im Erzgebirge los ist, verrät der MARCO POLO Szeneautor vor Ort

> 24 STUNDEN

S. 94/95: Action pur und einmalige Erlebnisse in 24 Stunden! MARCO POLO hat für Sie einen außergewöhnlichen Tag in Chemnitz zusammengestellt

> LOW BUDGET

Viel erleben für wenig Geld! Wo Sie zu kleinen Preisen etwas Besonderes genießen und tolle Schnäppchen machen können:

Kostenlose Kirchenmusik in Chemnitz S. 35 | Billig baden in Altenberg S. 47 | Schlanke Schlossbesichtigungen S. 60 | Ein Knüller: die ErzgebirgsCard S. 67 | Mittagsmahl für maximal 6 Euro in Plauen S. 78

> GUT ZU WISSEN

Was war wann? S. 10 | Bücher & Filme S. 18 | Spezialitäten S. 26 | Blogs & Podcasts S. 59 | Von Bemm bis titschn S. 69 | Mittelpunkt der Erde S. 89 | www.marcopolo.de S. 104 | Was kostet wie viel? S. 105 | Wetter S. 106

AUF DEM TITEL

Konzertsäle und Restaurants in imposanter Architektur S. 15
Hochseilgarten Oberwiesenthal S. 56

ENTDECKEN SIE DAS ERZGEBIRGE!

Unsere Top 15 führen Sie an die traumhaftesten Orte und zu den spannendsten Sehenswürdigkeiten

Die Highlights sind in der Karte auf dem hinteren Umschlag eingetragen

1 Skifasching
Lustiges Treiben in Oberwiesenthal an den Hängen des Fichtelbergs (Seite 22)

2 Museum Gunzenhauser
Eine der größten deutschen privaten Kunstsammlungen mit Werken des 20. Jhs. in Chemnitz (Seite 32)

3 Schloss Augustusburg
Vielfalt pur: Museen für Motorräder, Kutschen, Ausstellungen zu Tier- und Vogelkunde, Jagd- und Hofhaltung und eine Galerie im Aussichtsturm (Seite 35)

4 Freiberger Dom
Die Goldene Pforte und die Tulpenkanzel gehören zu den bedeutendsten Kunstwerken der Spätgotik. Der Klang der zwei Silbermann-Orgeln fasziniert nicht nur Musikkenner (Seite 36)

5 Lichtenstein
Ein spektakuläres Museum für Holzbildhauerkunst, weitere Museen sowie eine Miniwelt mit rund 1200 Bauwerken aus allen Kontinenten (Seite 40)

6 Frohnauer Hammer
Die alte Technik der Eisenbearbeitung in einer Hammerschmiede aus dem 17. Jh. erleben (Seite 52)

7 Fichtelbergbahn
Mit Dampf und Pfeifen zuckeln die Kleinbahnzüge durch die Landschaft (Seite 54)

> DIE BESTEN MARCO POLO HIGHLIGHTS

8 Kurort Seiffen
Das Spielzeugmacherdorf mit Museen, Schauwerkstätten und vielen Geschäften lässt nicht nur Kinderherzen höher schlagen (Seite 56)

9 Museum für bergmännische Volkskunst
Nussknacker, Räuchermännchen, Klöppelarbeiten: erzgebirgische Volkskunst in Schneeberg (Seite 67)

10 Besucherbergwerk Pöhla
3 km durch den Berg fahren und die einzigartige Akustik genießen (Seite 72)

11 Waschleithe
Die bedeutendsten Bauwerke des Erzgebirges sind hier auf einem Fleck versammelt (Seite 73)

12 Göltzschtalbrücke
Achtes Weltwunder genanntes Meisterwerk der Architektur aus Millionen von Ziegelsteinen (Seite 80)

13 Vogtland-Arena
Für Profis und Gäste das ganze Jahr über ein Superlativ: die neue und supermoderne Großschanze am Schwarzenberg in Klingenthal (Seite 82)

14 Drachenhöhle
Wunderschöne Tropfsteinbildungen und manchmal eine Lasershow in der „Walhalla" in Syrau (Seite 89)

15 Freizeitpark Plohn
Sachsens größter Freizeitpark bietet viele Vergnügungen für Söhne und Väter, Töchter und Mütter (Seite 103)

WAS FÜR EINE REGION!

Kurort Seiffen

AUFTAKT

Spannende Fahrten mit dem Förderkorb oder dem Hunt in Besucherbergwerke, Jazz, Rock und Theater unter Tage, farbenfrohe Bergparaden mit viel Musik und duftenden Rostbratwürsten am Straßenrand gehören zu den Highlights im Erzgebirge. Am Jahresende schwelgen die kleinen und größeren Orte im Lichterglanz der Pyramiden und Schwibbögen, sie zaubern mit Räuchermännchen und Nussknackern weihnachtliches Flair. Aber auch die tiefen Wälder und lieblichen Täler, die gewaltigen Hallenkirchen und das facettenreiche Kulturleben haben das Erzgebirge und das angrenzende Vogtland zur beliebten Ferienregion gemacht.

> Wanderstiefel oder liebliche Akkordeon- und Mundharmonikaklänge stehen längst nicht mehr allein als Synonym für das Erzgebirge und das Vogtland. Neuerdings wird auch gejazzt, was das Zeug hält. Die originellsten Jazz-Veranstaltungsorte sind der stillgelegte Eisenbahntunnel unter dem Schloss in Schwarzenberg und die Zinnkammern im Besucherbergwerk Pöhla. Gerockt wird im Malzhaus in Plauen und im Veranstaltungszentrum Südbahnhof in Chemnitz.

Und wenn De Randfichten in ihrer Heimat spielen, jubeln die Massen – die drei Volksmusiker haben mit dem Titel „Lebt denn dr alte Holzmichl noch?" Kultstatus erreicht. In Hunderten von Erzgebirgsstuben liegen nicht nur ihre CDs, neuerdings steht hier auch der „Holzmichl-Raachermann". Einen ungeahnten Boom erlebt daher Seiffen, der berühmte Schnitzerort, denn hier entsteht eben dieses Räuchermännchen, das es bei den Auftritten der Gruppe zu kaufen gibt.

Eins aber hat sich nicht verändert: Das Erzgebirge trägt nach wie vor den liebevollen Beinamen „Weihnachtsland". Denn nirgendwo anders in Deutschland erstrahlen Städte und Dörfer in den letzten Wochen des Jahres in solchem Lichterglanz, sind so viele Sitten und Bräuche mit dieser Zeit verbunden. Ihren Ursprung haben sie im Bergbau: Das Licht ist für den Bergmann seit jeher ein Zeichen für Leben und Hoffnung, für

> In stillen Dörfern leben gastfreundliche Menschen

Geborgenheit und Glück. Früh, noch vor Sonnenaufgang, fuhr er ins Dunkle ein, und wenn er abends heimkehrte, war es meist schon wieder Nacht. Statt „guten Tag" wünschte man sich ein „Glück auf", das zum Bergmannsgruß wurde und noch heute gebräuchlich ist. Der Bergbau hat aber nicht nur das Weih-

Oldtimer-Parade in der Autostadt Zwickau, der Heimat von Horch, Audi und Trabi

nachtsfest geprägt, er hat das Erzgebirge seit 800 Jahren vielfältig geformt. Im wahrsten Sinne des Wortes. Zum ersten Mal ertönte das „Bergkgeschrey“ Mitte des 12. Jhs., 300 Jahre später brach in der Region ein regelrechtes Silberfieber aus. Maulwürfen gleich wühlten die Bergleute Gänge in die Erde. Etliche davon blieben erhalten. Sie ziehen in unseren Tagen Tausende Touristen an, die in die Berge steigen oder fahren, um sich in den heutigen Schaubergwerken einen Eindruck vom schweren Bergmannsleben zu verschaffen. Die in Zwickau beginnende 250 km lange Touristen-Silberstraße verbindet heute die traditionsreichsten Städte und Dörfer mit der sächsischen Landeshauptstadt Dresden.

Die Erzfunde gaben dem Grenzgebirge zwischen Sachsen und Böhmen seinen Namen. Auf einer Länge von 130 km und einer durchschnittlichen Breite von 35 km erstreckt sich das

Erzgebirge vom Auersberg im Westen bis zum Geisingberg im Osten. Es reicht bis nach Tschechien, wo es den Namen Krušné hory trägt. Die Einheimischen sagen „Huckelkuchen“ zu diesem Gebirge.

Das sich westlich anschließende Vogtland kam durch die einzigartige Machtfülle kaiserlicher Reichsvögte zu seinem Namen. Das war vor mehr als sieben Jahrhunderten. Es war ein Gebiet mit wechselnden Grenzen, zu dem teilweise auch Regionen Bayerns (hier hat sich die Bezeichnung lediglich im Museum Bayerisches

> Das Erzgebirge ist eine Hochburg der Holzschnitzerei

Vogtland und dem Autobahndreieck Vogtland erhalten) sowie Böhmen gehörten. Seine politische Selbstständigkeit verlor das Vogtland in der zweiten Hälfte des 16. Jhs. Als Landschaftsbezeichnung blieb der Name Vogtland für die südwestlichste Ecke Sachsens und eine kleine Region im Osten Thüringens um Greiz und Zeulenroda erhalten; und dieser Teil wird in diesem Band vorgestellt.

Nach der Einheit, als viele Wirtschaftszweige wegbrachen, setzte man auf den Tourismus. Durch viele Ideen konnten sich die im Westen Deutschlands nahezu unbekannten Ferienregionen einen touristischen Namen machen. Ideen waren hier schon einmal gefragt, nämlich nach dem Niedergang des Bergbaus. Die Menschen mussten sich damals nach neuen Erwerbsquellen umsehen. Sie

WAS WAR WANN?

Geschichtstabelle

1168 Beginn der ersten Blütezeit des Bergbaus durch Silberfunde in Freiberg

1254 Der Name Vogtland wird erstmals genannt

1471 Mit Silberfunden in Annaberg und Schneeberg beginnt die zweite Blütezeit des Bergbaus

1677 Gründung der ersten Geigenmacherinnung Deutschlands in Markneukirchen

1699 Erstmals werden Produkte aus dem Spielzeugmacherdorf Seiffen auf der Leipziger Messe angeboten

1765 Gründung der Bergakademie Freiberg als erste technische Hochschule Deutschlands, heute die älteste montanwissenschaftliche Hochschule der Welt

1945 Schwere Zerstörungen durch englische und amerikanische Bombenangriffe auf Chemnitz und Plauen. Die US-Armee besetzt im Mai das Vogtland und das westliche Erzgebirge; beide werden im Juli an die Sowjetarmee übergeben

1990 Neugründung der Länder: Das Erzgebirge und das sächsische Vogtland kommen zum Freistaat Sachsen, das thüringische Vogtland zum Freistaat Thüringen

1996 Der Naturpark Erzgebirge/Vogtland wird gegründet

2002 Im August richtet das Jahrhunderthochwasser unvorstellbare Schäden vor allem im Osten des Erzgebirges an

2006 Die Vogtland-Arena, eine der modernsten Ski-Großschanzen Europas, wird in Klingenthal eingeweiht

begannen zu schnitzen und zu drechseln – was bisher Freizeitbeschäftigung war, wurde nun zum Broterwerb. Pyramiden, Räuchermännchen, Lichterengel und Schwibbögen aus Seiffen, Olbernhau und anderen Orten haben den Namen Erzgebirge in die Welt getragen. Im vogtländischen „Musikwinkel" um Klingenthal, Markneukirchen und Schöneck singt und klingt es das ganze Jahr über, und das seit 1677, als sich Geigenbauer zur ersten Innung zusammenschlossen. Heute gibt es noch etwa 600 Musikinstrumentenbauer, die volle Auftragsbücher vorweisen können. Musikinstrumente aus dem Vogtland sind nach wie vor in der Welt gefragt. Denn es sind in Handarbeit angefertigte Spitzeninstrumente, gespielt von berühmten Solisten. Selbst der große Yehudi Menuhin besaß eine vogtländische Geige, und Bill Clinton spielt auf einem Saxophon „Made in Vogtland".

Das Erzgebirge und das Vogtland haben zu allen Jahreszeiten ihren Reiz. Im Winter, wenn die Fichten sich unter ihrer zentnerschweren weißen Last biegen; im Frühling und Frühsommer, wenn Krokusse und Rhododendren blühen; im Sommer, wenn es in den dunkelgrünen Wäldern nach Harz und Moos riecht; und im Herbst, wenn Pilze reichlich sprießen, rote Vogelbeeren an den Straßenrändern leuchten und in den Tälern Nebel wallen. Die schönste Zeit ist aber unbestritten die um Weihnachten. Bereits vor dem ersten Advent werden Engel, Schwibbögen und Bergmänner aufgestellt, ganze Räuchermännl-Kompanien halten in den Stuben Einzug. Tausende von Kerzen leuchten aus den Fenstern in

> *Weihnachten ist hier das Fest der Superlative*

die Dunkelheit, in den Vorgärten stehen mit Kerzen bestückte Weihnachtsbäume, und auf Plätzen drehen sich meterhohe beleuchtete Pyramiden. Als Vetter des erzgebirgischen Lichterbergmanns gilt übrigens der vogtländische Moosmann, ein kleiner Wicht, der der Legende nach in ebenso kleinen Waldhöhlen hausen soll. Um die blumenübersäten Berg- und Feuchtwiesen, die Fluss- und Bachtäler, geheimnisvollen Hochmoore und dunklen Bergmischwälder zu erhalten, schuf man den Naturpark Erzgebirge/Vogtland.

Erzgebirge und Vogtland sind erfolgreich dabei, sich vom Image einer reinen Wandergegend zu befreien. Attraktive Einrichtungen für Familien und für jene, die sich sportlich betätigen wollen, wurden geschaffen.

Musikinstrumentenbauer in Markneukirchen: Violinen aus dem Vogtland genießen Weltruf

Ein wenig Abenteuerluft schnuppert, wer in die Besucherwerkwerke fährt und mit der Geleucht genannten Grubenlampe in dunkle Gänge eintaucht. Das Erzgebirge und das Vogtland wurden zu beliebten Ferienzielen in Deutschland. Sehr dazu beigetragen hat, dass die Erzgebirgler und die Vogtländer seit jeher gastfreundlich und kontaktfreudig sind – und sie haben ein Faible für Gemütlichkeit.

WAS IST ANGESAGT?

Trends, Entdeckungen und Hotspots. Unser Szene-Scout zeigt Ihnen, was im Erzgebirge los ist.

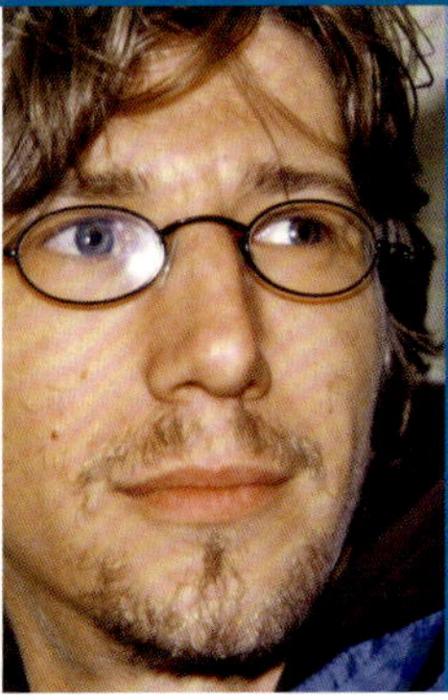

Lars Neuenfeld
Überall, wo Trends aufzuspüren sind, ist auch der Chemnitzer anzutreffen. Vor einigen Jahren hatte er einen eigenen Jazz- und Bluesclub, um sich dann dem Stadtmagazin *371* zu widmen. Als Chefredakteur ist er auf der Suche nach den angesagtesten Neuerungen der Region. Außer in der Szene ist Lars Neuenfeld auch in der hügeligen Landschaft unterwegs. Schließlich ist Wandern eine seiner Leidenschaften.

MODERN ART

Sie sind jung und brauchen die Kunst

Die Künstlerszene macht mit eigenwilligen Kunstaktionen und Galerieprojekten auf sich aufmerksam. Herausragender Event: die *Begehungen*. Ende August oder Anfang September beleben mehr als 30 junge Künstler mit neuen Sichtweisen leer stehende Läden und Wohnungen auf einem vergessenen DDR-Boulevard *(www.begehungen-chemnitz.de,* Foto*)*. Neben der Entdeckungsreise durch ungewöhnliche Ausstellungsräume bietet das Festival Musik von jungen Bands, zeitgenössische Literatur, Theater und Künstlergespräche. Ebenfalls spannend: die Künstlergruppe *The Next Art*, die zwischen Grafik, Graffiti und Comic immer wieder Ausstellungen organisiert *(www.thenextart.de)*. Bei *Kunst in Sachsen* hat man die Möglichkeit, den Kreativen bei der Arbeit über die Schulter zu schauen. Über 200 Kreative, wie die Öl- und Aquarellmalerin Petra Hölzel *(Gebrüder-Lay-Str. 24, Plauen)*, nehmen teil und öffnen ihre Ateliers *(www.kunstoffeninsachsen.de)*. Zudem bietet die *Zwickauer Kulturnacht* im Juli *(www.zwickauer-kulturnacht.de)* eine Plattform für Künstler der Region.

▶▶ KREATIVE KÜCHE

Der Teller als Bühne

Hier wird das Essen zum Event. Neue Restaurants setzen auf Zutaten und Rezepte aus allen Ecken der Welt und kreieren eine aufregende und undogmatische Freestyle-Küche. Gegrillte Dorade mit Löwenzahn-Pesto? Bärlauchsuppe mit Halloumi-Streifen? Linguine mit Zitronengras-Sugo, Chili und Zuckerschoten? Im *Lessing (Franz-Mehring-Str. 10, Chemnitz, www.lessing-restaurant.de,* Foto*)* und im *Janssen (Schlossstr. 12, Chemnitz, www.janssen-restaurant.de)* zelebriert man die neue Küche in angenehm lockerer Atmosphäre. Trotzdem: Die erzgebirgische Heimat wird nie verleugnet, auch wenn die Rinderroulade schon mal mit Mango, grüner Gurke und Chili-Senf gefüllt wird. Weitere Tipps: das *Philines* in Zwickau *(Klosterstr. 1, www.philines.de)* und das mehrfach ausgezeichnete *Schwanefeld* in Meerane *(Schwanefelder Str. 22, www.schwanefeld.de).*

▶▶ DIE NEUEN DJ'S KOMMEN

Fette Beats mit Lokalkolorit

Chemnitz kann sich in Sachen Skillz & Styles problemlos mit den Metropolen der Welt messen. *Phlatline* und *Splash* haben hier in den 1990ern die Basis geschaffen. Die Rookies von damals sind heute gefragte DJ-Stars. Jungs wie DJ Ron, Shusta oder Kenny D. legen erfolgreich in ganz Europa auf. Vor Ort sind sie in Chemnitz live u. a. im *Starlight (Brückenstr. 17, www.party-chemnitz.de)* oder im *Brauclub (Neumarkt 1, www.brauclub.de)*, in Zwickau im *Nightlife (Peter-Breuer-Str. 17, www.nightlife-zwickau.de)* zu erleben. Die Szene steht nicht still: Neue Crews entern die Szene. Zu erleben im *AJZ (Chemnitztalstr. 54, Chemnitz, www.ajz.de,* Foto*)* oder im *Cube Club (Straße der Nationen, Chemnitz, www.cubeclub-chemnitz.de).*

SCHNITZKUNST

Tradition in neuem Design

Designer machen sich auf, um die erzgebirgische Schnitz- und Drechselkunst gründlich zu entstauben. Snowboardende Weihnachtsmänner, kickende „Raachermännel" oder Comicfiguren sind der Trend. Vorreiter: der Eppendorfer Kunsthandwerker Björn Köhler *(Goetheweg 2, www.bjoern-koehler.de)*. Ebenfalls mit viel Humor und neuen Ideen wartet Jürgen Ellert *(Annaberger Str. 31, Schönfeld, www.erzgebirgsstube.de)* auf. Shopping-Tipp: *Karlchens Shop* in Scharfenstein. Schicker Laden mit einem Faible für neue Formen und Farben *(Bahnhofstr. 45 B, www.karlchen-shop.de)*.

BIO SPEZIAL

Öko für alle

Der Bio-Boom der letzten Jahre sorgt auch im Erzgebirge für kräftiges Wachstum und kulinarische Fantasie bei aufgeschlossenen Landwirten. Neue Hofläden bieten aber nicht nur leckere Gesundkost. Jeder der Höfe setzt dabei auf eigene Spezialitäten: Der *Guidohof* in Uhlsdorf zum Beispiel backt im traditionellen Holzofen Brote aus alten Getreidesorten *(Am Ullersberg 31, www.guidohof.com)*. Ebenfalls beeindruckend: die über 400 Jahre alte Wassermühle in Waldkirchen *(Rolle Mühle, Zschopenthal 15, www.rolle-muehle.de)*. Hier wird Bio-Getreide nur mit Wasserkraft gemahlen. Weitere Läden: *Bochmann* in Adorf *(Hauptstr. 47)* oder *Casa Rustica* in Lichtenau *(Garnsdorfer Str. 20, www.naturkostservice-lichtenau.de)*.

FASHION 4 YOU

Shootingstars in Sachen Mode

Von provokant bis stylish setzen die Modemacher auf lässige Streetwear und unikate Muster. Die Jungs vom Label *Superflu Societe (Brühl 41–43, Chemnitz, www.superflu.de)* setzen auf grelle Motive. Ganz fest in der lokalen Hip-Hop-Szene sind die Macher vom *Nine Hillz Store* verankert *(Brühl 45, Chemnitz, www.ninehillz.com)*. Ihr Label steht für Street-Credibility. Romantisch geht es bei der Chemnitzer Modemarke *Ysteer (Wielandstr. 11, www.ysteer.de,* Foto*)* zu. Cool: Werkstatt und Laden gehören meist zusammen, so kann man den Designern bei der Arbeit zuschauen.

ALLES IN BALANCE

Neuer Trendsport: Slacklining

Adrenalin pur! Mut beweisen heißt es beim Actionsport Nummer eins im Erzgebirge! Denn wenn man über das Seil balanciert, das über eine Schlucht – zum Beispiel am Teufelsstein – gespannt ist, ist unter einem das Nichts! Vorher sollte man aber in weniger schwindelerregenden Höhen üben. Nicht nur auf die Meterzahl unter dem Seil, sondern auf Spaß und Akrobatik kommt es den Slacklinern an. Die Anfänger versuchen, auf einem schmalen Riemen das Gleichgewicht zu halten, Profis üben Jumps und Turns. Im August findet im Chemnitzer Küchwald das *Slackfest* statt *(www.slackfest.de,* Foto*)*, bei dem sich Slackliner aus ganz Europa treffen. Gleichgewicht kann man auch in den Klettergärten trainieren. Schöne Kletterparcours gibt es zum Beispiel an den Greifensteinen *(Greifensteinstr. 44a, Ehrenfriedersdorf, www.kletterwald-greifensteine.de)*.

COOL & FUNKY

Neues Leben in alten Fabriken

Das Erzgebirge ist eine alte Industrieregion. Dementsprechend trifft man allerorten auf imposante Fabrikarchitektur. Neu belebt wurden diese mit schick durchdesignten Bars oder trendigen Partylocations. Hier trifft monumentale Gründerzeitbauweise auf das Design des 21. Jhs. So hat in einer alten Fabrik am Chemnitz-Ufer in den ersten beiden Etagen ein angesagtes mexikanisches Restaurant eröffnet, im Dachgeschoss etabliert sich das *Del Sol* als cooler Club *(Beckerstr. 15–17, www.vivamamajoes.info)*. Allein schon die ausladende Dachterrasse und der Blick über das nächtliche Chemnitz sind einen Besuch wert. Weitere Spots: Eine ehemalige Spinnerei in Glauchau ist heute einer der angesagtesten Konzertsäle *(An der Spinnerei 8, www.altespinnerei.de)*, die alte Werdauer Tuchweberei ein Partyclub *(Turnhallenstr. 10, Werdau, www.tuchfabrix.de)*. In Zwickau wurden die riesigen Hallen einer Maschinenfabrik in die schicke Diskothek *Nachtwerk* mit mehreren Floors umgebaut *(Olzmannstr. 51, www.disco-nachtwerk.de)*. Deutlich rauer und mit viel Indie-Spirit kommt dagegen der *BPM-Club* im Zwickauer 4er-Schacht daher *(Äußere Dresdner Str. 50, www.bpm-club.de)*.

> VON BERGPARADEN UND HEIMATBERGEN

Wissenswertes über Brauchtum, Sitten und Persönlichkeiten der Region

ARTMONTAN

Vielerorts werden Sie „Artmontan" lesen, was nur den Einheimischen etwas sagt. Es handelt sich um ein Kunst- und Kulturprojekt, das außergewöhnliche künstlerische Begegnungen beschert. 1999 wurde es ins Leben gerufen. Die Events unterschiedlicher Genres, von Jazz und Rock über Oper bis zur Sinfonie, finden ausschließlich in Industrie- und einstigen Bergbauanlagen statt. Vorwiegend junge Künstler nutzen die besonderen Möglichkeiten der Räume, ihre Atmosphäre und Akustik für künstlerische Experimente. *www.artmontan.de*

BERGPARADEN

Wenn die Mitglieder der Bergbrüderschaften zu Paraden aufmarschieren, säumen Tausende die Straßen. An der

Bild: „Artmontan" in Markersbach

STICH WORTE

Tracht wird die Berufsstellung erkennbar: Die Steiger sind goldbetresst, ihre Bergmützen zieren Federbüsche, die Hauer tragen schwarze Kittel und weiße oder gelbe Kniebundhosen. Lautstark blasen und trommeln die Musiker der Bergkapellen. Die Schilder mit den Ortsnamen, getragen von Grubenjungen, sind nur für die Fremden gedacht, denn die Einheimischen können die Brüderschaften an der Tracht und oft auch durch die gespielte Musik mühelos ausmachen. Besonders stimmungsvoll sind die Aufmärsche im Kerzenschein zur Weihnachtszeit.

BUCKEL-BERGWERK

Ein hölzerner Kasten, der auf dem Rücken (Buckel) getragen wird und in dem sich eine unterirdische Miniaturbergwerksanlage im Schnitt befindet. Eine seitlich eingeführte Kurbel setzt über Rollen, Hebel und Drähte die Figuren in Bewegung. Mit den Buckelbergwerken zogen arbeitsunfähig gewordene Bergleute auf Weihnachts- und Jahrmärkte, um sich einige Pfennige zu verdienen. Heute gehören sie zu den Kostbarkeiten in den Erzgebirgsmuseen.

DIALEKT

Im Erzgebirge wird *Arzgebigsch* gesprochen. Einen einheitlichen Dialekt gibt es jedoch nicht. Im erzgebirgischen Dialekt bestehen die unterschiedlichsten Mundarten, oft variieren die Sprechweisen von Ort zu Ort, jeder Heimatdichter hat seine eigene Schreibweise. Einiges ist aber einheitlich, so fehlt beispielsweise generell das Ü, das stets als I ausgesprochen wird, ei- und au-Laute werden oft zu aa (das Bein zu Baa und der Baum zum Baam). Typisch ist auch die Verniedlichung, so wird der Vogel zum Vechele und das Haus zum Heisl. Im Kasten „Von Bemm bis titschn“ (S. 69) finden Sie Beispiele, die für größere Regionen des Erzgebirges typisch sind. Das Vogtländische ist ein fränkischer Dialekt, auch mit unterschiedlichen Mundarten.

HEIMATBERGE

Kunstvolle Miniaturlandschaften von mehreren Quadratmetern Größe. Da sie oft christliche Motive haben und in der Weihnachtszeit aufgestellt werden, spricht man auch von Weih-

> BÜCHER & FILME

Das Erzgebirge zum Lesen und Schauen

- **Erzgebirgisches Brauchtums-ABC, Weihnachts-ABC, Spielzeug-ABC** – In drei wunderschön anzuschauenden und zu lesenden Bänden zeichnen Erhart Heinold und Alix Paulsen ein Bild der Heimatpflege im Erzgebirge.
- **Rummelplatz** – Problembehaftete deutsch-deutsche Nachkriegsgeschichte der Jahre 1949–53 spiegelt der Roman von Werner Bräunig wider, Hauptschauplatz ist der Uranbergbaubetrieb Wismut. Vier junge Leute aus Ost und West stehen für die Erfahrungen einer ganzen Generation.
- **Sächsische populäre Irrtümer** – Deutschlands beliebtester Sachse, der Kabarettist Wolfgang Stumph, klärt zusammen mit Norbert Weiß über falsche Vorstellungen, Missverständnisse und Halbwahrheiten in Bezug auf (die) Sachsen auf.
- **Bilderbuch Deutschland: Sachsen – Das Erzgebirge** – 100 Minuten Schönheiten des Erzgebirges – von Bergbau, Handwerk und Tourismus und den Menschen, die der Landstrich prägte (auf DVD).
- **Unterwegs in Sachsen: Im Erzgebirge** – Moderatorin Beate Werner bringt dem Zuschauer einfühlsam die Schönheit der Drebacher Krokuswiesen näher, erzählt die Legende vom Stülpner Karl oder was es mit dem Marienberger Silberrausch auf sich hat (auf DVD).

nachtsbergen. Die Berge sind Meisterwerke der Bastelei und des Schnitzens, die oft in Gemeinschaftsarbeit entstanden sind. Sie verblüffen durch zahlreiche Figuren, die ein versteckter Mechanismus bewegt. Die ersten Heimatberge entstanden vermutlich im 16. Jh., mit ihnen stellte der schnitzende Bergmann seine Arbeitswelt dar. Bedingt durch die veränderten Lebens- und Wohnverhältnisse werden Heimat- und Weihnachtsberge aus Platzgründen kaum noch in Wohnungen aufgestellt, aber in der Weihnachtszeit sind sie Besuchermagnete in vielen Museen. Die schönste Sammlung besitzt das Museum für bergmännische Volkskunst in Schneeberg.

POSTMEILEN-SÄULEN

1713 hatte August der Starke den Auftrag erteilt, das Kurfürstentum kartografisch zu vermessen. Als Wegsteine wurden per kurfürstliches Dekret Postmeilensäulen aufgestellt, die heute beispielsweise noch Bad Elster, Oberwiesenthal, Markneukirchen und Zwönitz zieren. Mit der Vermessung wurde der vogtländische Pfarrer Adam Friedrich Zürner (1679–1742) beauftragt, der den klangvollen Titel „Land- und Grenz-Commissarius" verliehen bekam. Die an den Säulen vermerkte „Stunde" ist keine Zeitstunde von 60 Minuten, sondern eine Entfernungsangabe: Eine Post- oder Polizeimeile hatte in Kursachsen die heutige Länge von 9,062 km, und eine solche Meile wurde mit „2 Stunden" an den Säulen bezeichnet. Die Postmeilensäulen verloren ihre Bedeutung, als man in Sachsen 1840 die Meile (eine Länge von 7500 m) einführte. Sie wiederum wurde 1873 vom Kilometer abgelöst.

REIFENDREHEN

In Seiffen entstehen aus Holzreifen Tausende von Spieltieren. Aus einer Holzscheibe wird ein Reifen mit Vertiefungen und Erhöhungen gedreht,

Postmeilensäule an der alten Brücke über die Elster in Plauen

der nicht erkennen lässt, was die Fantasie des Reifendrehers erdacht hat. Erst wenn der Reifen mit Hammer und Messer gespalten wird, ist das Profil der Tiere im Querformat sichtbar. Schwanz, Ohren und andere Teile werden gesondert gedreht und an die Tierkörper geleimt. Das Reifendrehen soll nur in Seiffen zu Hause sein. Sorgsam wurde einst darauf geachtet, dass diese Kunstform des Drechselns ein Geheimnis blieb. Zu ihrer Blütezeit Ende des 19., Anfang des 20. Jhs. reisten jährlich Zehntausende von hölzernen Spieltieren von Seiffen aus in die Welt. Im Seiffener Freilichtmuseum gibt es regelmäßig Vorführungen im Reifendrehen.

ADAM RIES

In der Redewendung „das macht nach Adam Riese …“ ist uns der berühmteste deutsche Rechenmeister (1492–1559) noch heute geläufig. Fälschlicherweise wird dem Nachnamen oft ein „e“ (Riese) angehängt. Über dreißig Jahre seines Lebens verbrachte er in Annaberg, wo das Adam-Ries-Museum ausführlich über ihn informiert. Die Rechenbücher von Ries waren in Deutsch und nicht in dem damals weithin verbreiteten, aber für viele unverständlichen Latein verfasst.

SACHSENRING

Am Himmelfahrtstag 1927 fand auf dieser traditionsreichen Piste bei Hohenstein-Ernstthal das erste Rennen statt, im Folgejahr kamen bereits 80000 Zuschauer zu den Motorradrennen. 1936 wurde hier erstmals um den Großen Preis von Europa gefahren, und 1960 fand auf dem Sachsenring die Radweltmeisterschaft statt, bei der es mit Bernhard Eckstein und „Täve“ Schur einen DDR-Doppelsieg gab. Heute ist der Motorrad-Grandprix mit mehr als 150000 Zuschauern jährlicher Höhepunkt.

GOTTFRIED SILBERMANN

45 Orgeln hat Sachsens berühmtester Orgelbaumeister (1683–1753) geschaffen, 31 sind erhalten. Silbermanns älteste und mit drei Manualen, 44 Registern und 2676 Pfeifen größte Orgel (1711–14) erklingt bis auf den heutigen Tag im Freiberger Dom. Das Orgelbauerhandwerk erlernte Silbermann bei seinem Bruder Andreas in Straßburg. Sein Geburtshaus im Frauensteiner Ortsteil Kleinbobritzsch ist an einer Gedenktafel zu erkennen, das Museum in Frauenstein trägt seinen Namen.

TRABANT

Genau 33 Jahre, 5 Monate und 23 Tage lang lief das Kleinauto Trabant vom Band. Der knatternde und stinkende DDR-Zweitakter mit einer Plastekarosse wurde geliebt, beschimpft, belächelt und mit vielen Kosenamen wie „Asphaltblase“, „Fahrpappe“ und „Gehhilfe“ bedacht. Der letzte Trabant, mit der Stückzahl 3 096 099, verließ am 20. April 1991 das Zwickauer Sachsenringwerk. Er wurde nur um die Ecke gefahren – ins Museum.

JENS WEISSFLOG

Der erfolgreichste Skispringer aller Zeiten ist der bekannteste Erzgebirgler. Nur ein Springer konnte bislang die Internationale Vierschanzentournee vier Mal gewinnen: Jens Weißflog aus Oberwiesenthal. Geboren wurde der mehrfache Weltmeister und Olympiasieger 1964 im erzgebirgischen Pöhla, nicht weit von seinem heutigen Wohnort entfernt, der ihn zum Ehrenbürger ernannte. Auf dem Höhepunkt seines Erfolges trat er 1996 ab. *www.jens-weissflog.de*

Der wohl berühmteste Erzgebirgler: Ex-Skisprungstar Jens Weißflog

WISMUT

Nach 1945 wurde im Erzgebirge nach Uran gegraben, die Sowjetunion brauchte es für ihre Atombomben. Häuser, Felder und Sanatorien wurden niedergewalzt, dafür entstanden Fördertürme, Baracken, Halden. Wismut hieß das Unternehmen, das zeitweise mehr als 100000 Menschen beschäftigte. 1954 durfte auch die DDR in die Wismut einsteigen, das Unternehmen wurde zu einer „sowjetisch-deutschen Aktiengesellschaft", an der Spitze stand ein Generaldirektor aus Moskau. Die Wismut war ein Staat im Staat, sie hatte ihre eigenen Kaufhäuser und Geschäfte, ihr eigenes Gesundheitswesen. Der 1990 eingestellte Uranbergbau hat zu erheblichen Umweltschäden geführt, die zu beseitigen heute Aufgabe des jetzt dem Bund gehörenden Unternehmens Wismut ist. Die jahrzehntelang vom Uranerzbergbau beanspruchten Flächen wurden bereits zum größten Teil wieder nutzbar gemacht. *www.wismut.de*

FESTE FEIERN HAT TRADITION

Skifasching, Musikfeste, Bergparaden und Weihnachtsmärkte

> Die Erzgebirgler und die Vogtländer feiern traditionell gern. In den Städten und Dörfern ist fast immer etwas los, die Palette der Veranstaltungen reicht vom Fasching auf Skiern über Feuerwehr- und Dorfbälle bis zu hochkarätigen Musikveranstaltungen und den vielen Weihnachtsmärkten am Jahresende.

FEIERTAGE

Neujahr, Karfreitag, Ostermontag, 1. Mai *(Tag der Arbeit);* **Himmelfahrt, Pfingstmontag, 3. Okt.** *(Tag der Deutschen Einheit);* **31. Okt.** *(Reformationstag);* **Buß- und Bettag** (nur in Sachsen); **1. und 2. Weihnachtsfeiertag**

BESONDERE VERANSTALTUNGEN

Februar

Internationaler Kammlauf, traditionsreichster Ski-Volkslauf im Osten Deutschlands über 5 bis 50 km mit Start und Ziel in Klingenthal-Mühlleithen. *Letztes Wochenende des Monats,* www.kammlauf.de

Fastnacht

★ *Skifasching:* Die Krönung des närrischen Treibens in Oberwiesenthal ist das Skiprogramm mit dem 7,45 m langen 17-Mann-Ski und Skifahrern, die durch brennende Feuerreifen springen. *Sonntag vor Rosenmontag*

Mai

Akkordeonwettbewerbe: seit mehr als vier Jahrzehnten Treffen der weltbesten Akkordeonspieler in Klingenthal, um das sich ein vielseitiges Rahmenprogramm rankt. *Eine Woche in der ersten Monatshälfte*

Juni

Annaberger Kät: das älteste und größte Volksfest des Erzgebirges in Annaberg-Buchholz mit Schaustellern und vielen Verkaufsständen, an denen angeboten wird, was kunstfertige Hände aus Holz zaubern. *Zwei Wochen nach Pfingsten*

> EVENTS FESTE & MEHR

Juli

Fest Alter Musik im Erzgebirge: Stimmungsvolle Veranstaltungsorte sind Kirchen und Schlösser entlang der Silberstraße. *Anfang des Monats, www.alte-musik-im-erzgebirge.de*

Bergstreittag: Der traditionelle Festtag mit Bergparade und Berggottesdienst in Schneeberg geht auf einen erfolgreich verlaufenen Lohnstreik der Bergknappen 1496 zurück. *22. Juli*

August

▶▶ *Country Festival Greifensteine:* ein Wochenende voller Wildwestromantik mit tollen Country-Bands, Westernmarkt, Showtrucks und vielem mehr. *Erstes Wochenende, www.greifensteine.com*

▶▶ *Trabantfahrer-Treffen:* Die Mitglieder der zahlreichen Fanclubs kommen geschlossen nach Zwickau, Zehntausende huldigen auf dem Festgelände dem Zweitakter. Höhepunkt ist die Trabi-Live-Parade am Sonntagvormittag. *Drittes Wochenende, www.supertrabi.de*

September

Europäisches Blasmusikfestival: ein in der Blasmusik unvergleichliches Event: Mehr als 700 Musiker aus etwa zehn europäischen Ländern treffen sich in Bad Schlema. *Drittes Wochenende, www.bergmannsblasorchester.de*

Oktober

Insider Tipp

Tag des traditionellen Handwerks: In mehr als 120 Werkstätten des Erzgebirges kann man den Spielzeugmachern, Holzschnitzern und anderen über die Schulter schauen. *Dritter Sonntag*

Dezember

Weihnachtsmärkte: In Freiberg, Plauen, Schneeberg, Schwarzenberg, Zwickau dauern sie eine Woche oder länger, in kleinen Städten oft nur ein oder zwei Tage an einem Wochenende. Mit einer Bergparade verbunden sind die Märkte am 2. Advent in Schneeberg, am Samstag vor dem 3. Advent in Schwarzenberg, am 3. Advent in Marienberg und am 4. Advent in Annaberg-Buchholz.

Insider Tipp

> TOPPKLIESS UND GETZEN

Vielseitig zubereitete Kartoffelgerichte bestimmen den Speisezettel der Regionalküche

> Nationalgericht sind die Klöße, zu denen Rouladen, Sauerbraten oder Kaninchen gehören. Im Erzgebirge ist das so und auch im Vogtland. Der Erzgebirgler nennt die Klöße *griene Kließ* oder *Toppkließ*, der Vogtländer bezeichnet sie als *Griegeniffte*. Denn hier wird statt reiben oft auch „niffen" gesagt.

Klöße waren in dieser Region schon beliebt, bevor die Kartoffel ihren Einzug hielt, man stellte sie aus Gerstenmehl her. Heute bestehen sie aus geriebenen rohen Kartoffeln und werden deshalb auch als grüne oder rohe Klöße bezeichnet; nur selten werden etwas gekochte Kartoffeln beigemischt. Noch heute orientieren sich gute Köche bei der Kloßqualität an dem, was am 16. Jan. 1898 in der Zeitung „Vogtländischer Anzeiger und Tageblatt" zu lesen war: „Ein richtiger Kloß muss so groß sein wie ein kleiner Kindskopf, hellgrau aussehen, und was die Hauptsache ist, er

Bild: Sauerbraten-WM im Vogtland

ESSEN & TRINKEN

muss in der Schüssel zittern.“ Grüne Klöße sollen zwanzig Minuten in Salzwasser köcheln und „dann gleich auf den Tisch kommen und gegessen werden, denn durch das Stehen werden sie hart“. Die Vorliebe für die grünen Klöße ist überall gleich, die Art der Zubereitung unterschiedlich. Jede Ortschaft, jede einzelne Familie bereitet sie auf ihre Weise zu und hat ihr eigenes Rezept. Wird der Kloßteig in der Pfanne auf beiden Seiten goldgelb gebacken, dann sind das Kartoffelpuffer, die im Erzgebirge Getzen, Klitscher oder Pfannekluß und im Vogtland Bambes heißen. Die Kartoffelpuffer isst man mit Schwarzen Johannisbeeren oder mit Preiselbeeren, aber auch zu einem Braten.

Die Küche von Erzgebirge und Vogtland gilt als deftig, sie greift auf die guten Gaben der Natur zurück, auf Gemüse und Früchte aus den Gärten und Feldern der Region.

Hauptnahrungsmittel ist die Kartoffel, da die wenig anspruchsvolle Pflanze hier in allen Höhenlagen wächst. Kartoffeln kommen fantasievoll zubereitet auf den Tisch. Alltagsessen sind Pellkartoffeln, *Schöleraardäppeln* genannt, zu denen man marinierten Hering, Butter, Wurst oder Quark isst. Zu Kartoffelbrei reicht man gern Bratwurst, beliebt ist Sauerkraut als Beilage.

Eines muss es möglichst immer geben – viel Soße, die mit zerdrückten Kartoffeln oder Klößen aufgetunkt wird. Sehr gern mag man, besonders im Vogtland, den Meerret-

> SPEZIALITÄTEN

Genießen Sie die typisch erzgebirgische Küche!

Ardäppelklitscher – Rohe, geriebene Kartoffeln, u. a. mit Eiern und Zwiebeln verfeinert, werden gebraten, mit Zucker bestreut oder mit Apfelmus bestrichen

Aschkuchen – Rührkuchen, der in einer schüsselartigen Form (dem Asch) gebacken wird

Eierschecken – Kuchen aus Knetteig mit Quarkmasse, bestrichen mit einer dickschaumigen Mischung aus saurer Sahne, Eiern und Vanillezucker

Falscher Hase – Hackbraten, der in Scheiben geschnitten mit Kartoffelbrei oder warmem Kartoffelsalat serviert wird (Foto)

Nackete Maadle – flache, in einer Pfanne gebackene Klöße aus geriebenen, gekochten Kartoffeln. Weil wenig Fett genommen wird (daher *nackete*), werden sie mit Apfelmus oder Fleisch gegessen

Quarkkeulchen – aus gekochten Kartoffeln und Quark bestehende, etwa 1,5 cm dicke, runde Scheiben, die auf beiden Seiten goldgelb gebacken sind, mit Zucker und Zimt bestreut

Sauerbraten – in einem Gewürzsud zwei Tage eingelegtes und danach scharf angebratenes Rindfleisch, das in einer mit Pfefferkuchen gebundenen Soße mit Apfelrotkohl und Klößen serviert wird (Foto)

Saure Eier – in einer süß-sauren Soße aufgeschlagene Eier, zu denen es Salzkartoffeln gibt

Saure Flecke – klein geschnittene, in einer sämigen Brühe gekochte Innereien mit Kartoffelstückchen und gewürfelten Gurken

Saure Kartoffelstückchen – gekochte, in Scheiben geschnittene Pellkartoffeln in einer würzigen Mehlschwitze mit Gurkenscheiben

Schwammetopf – in der Pfanne gegarte, schichtweise eingelegte gekochte Kartoffeln und gedünstete Waldpilze

Vogtländischer Karpfen – mit viel Gemüse in Bier oder Rotwein gedünstet, dazu werden Rotkraut und Kartoffeln gereicht

tich. Hier werden auch die Klöße und vor allem das Eisbein, das nur selten gepökelt ist, oft von einer Meerrettichsoße begleitet. Ebenfalls ganz vorn rangieren Suppen mit viel Gemüse, sämig macht man sie durch die Beigabe pürierter Kartoffeln. *Spalken* sagen die Vogtländer zum Eintopf, weil die Kartoffeln in Spalten geschnitten werden. Mit zahlreichen Zutaten wie Äpfeln, Gemüse, Eiern, Gurke oder Fisch bereitet man hier den Kartoffelsalat zu.

Zunehmend wird auch in diesen beiden Regionen Deutschlands fantasievoller gekocht. Die Köche haben alte Kochbücher gewälzt, Rezepte hervorgekramt und verfeinern sie mit den Zutaten unserer Zeit.

Zum Kaffee mögen die Einheimischen Blechkuchen, mit Abstand ganz oben rangiert der *Aardäppelkuchen* bzw. *Erdepfelkung,* dessen Rezept einfach ist: Dem Hefeteig sind gekochte, geriebene Kartoffeln beigemengt, der Kuchen wird dann mit Zucker und Zimt bestreut.

Zur Weihnachts- und Silvesterzeit hebt sich das Essen von dem in der übrigen Jahreszeit ab, es ist besser und vor allem reichlicher. Bis in unsere Tage hat sich das *Neunerlei* erhalten: Neun verschiedene Speisen stehen auf dem Tisch, an den man sich pünktlich um 18 Uhr setzt. Ob es wirklich neun Speisen sind, das hängt davon ab, was man alles zählt. In den Orten und Familien ist das Neunerlei verschieden zusammengesetzt, Fleischgerichte gehören jedoch stets dazu, auch die Klöße. Tradition ist, von jeder Speise wenigstens einen Löffel zu essen. Die Krönung der Weihnachtsbäckerei ist der Christstollen. Nicht selten bringt die Hausfrau immer noch den zu Hause nach alten Familienrezepten zubereiteten Teig zum Bäcker, der ihn formt und in seinen Ofen schiebt. Bei der Menge ist man nicht kleinlich – oftmals wird der letzte Stollen erst zu Ostern angeschnitten.

Getrunken wird traditionell Bier, vor allem das aus den einheimischen

Der Duft von Weihnachten: Christstollen

Brauereien. Das Wernesgrüner und das Freiberger Pils stehen an der Spitze der Beliebtheitsskala. Wein gibt es nur zu besonderen Anlässen, gern greift man hier zu dem, der auf den Elbhängen Sachsens von Pirna bis Meißen reift. Und wer zu viel grüne Klöße oder Stollen gegessen hat, dem hilft vielleicht ein Altenberger Gebirgsbitter oder ein Erzgebirgs-Kräuter aus Bockau.

NUSSKNACKER EN GROS

Es gibt eine riesengroße Auswahl an gedrechselten Holzfiguren und filigranen Textilarbeiten

> Ohne Mitbringsel muss keiner nach Hause fahren; für jeden Geschmack liegt einiges parat. Geschäfte, die regionaltypische Erzeugnisse anbieten, gibt es in fast jedem Ort. Wer auf Shopping nicht verzichten möchte, der fährt nach Chemnitz oder nach Zwickau, dort gibt es in den Zentren Kaufhäuser und Dutzende von Fachgeschäften.

GEBÄCK

Ab Herbst wird der leckere erzgebirgische Stollen angeboten. Er wird noch von Hand gefertigt; es gibt Butter-, Rosinen-, Mandel-, Mohn- und Quarkstollen. Das Weihnachtsgebäck ist so verpackt, dass es bis weit nach Weihnachten nichts von seiner Qualität einbüßt. Den „Bauerhasen" dagegen gibt es zu jeder Jahreszeit, aber nur im Café Hartmann in Freiberg (s. S. 37). Auf dem Beipackzettel steht die Hasengeschichte: Ein Koch namens Bauer soll im 13. Jh. dem Markgrafen und dem Kaplan von St. Martin einen Hasen zum Essen vorgesetzt haben – zur Fastenzeit eine Sünde. Der Kaplan zürnte jedoch zu früh, denn der Hase war (und ist) aus Hefeteig, dem man heutzutage Mandeln, Rosinen und Gewürze beigibt. Um welche es sich handelt, bleibt Konditoren-Geheimnis.

KLÖPPELARBEITEN & POSAMENTEN

Typisch für das Erzgebirge sind Klöppelspitzen und -decken. Ihren Wert kann nur ermessen, wer Folgendes weiß: 600 Stunden sitzt eine versierte Klöpplerin am Klöppelkissen, bis sie eine Decke für einen Wohnzimmertisch gefertigt hat. Geklöppelt wird im Erzgebirge seit dem 16. Jh. Damals wie heute stopfen sich die Frauen den Klöppelsack mit Haferstroh oder Sägespänen. Vorlage ist ein Klöppelbrief – ein Pappstück oder fester Papierstreifen, auf dem das Muster durch Punkte vorgegeben ist. Der Klöppelbrief wird auf dem Sack befestigt, und in die Punkte steckt die Klöpplerin Stecknadeln, die als Klöppelhilfe die Fäden halten, bis sie verfestigt sind. Durch Drehen und Kreuzen entstehen

> EINKAUFEN

die filigranen Flechtstrukturen. Die hölzernen, etwa 6 cm langen Klöppel dienen als Spulen und Gewichte. Benötigt werden je nach Größe der herzustellenden Decke 3 bis 200 Klöppelpaare. Das Klöppeln als Hobby erlebt im Erzgebirge heute einen ungeahnten Aufschwung. Typisch für das Erzgebirge sind auch Posamenten (Borten, Schnüre, Quasten), das unentbehrliche Beiwerk modischer Kleidung. Das erzgebirgische Annaberg war um 1870 einer der ersten Posamentenhandelsplätze der Welt, zeitweise beeinflussten erzgebirgische Posamenten sogar die Pariser Mode.

KRÄUTERLIKÖR

Etwa 15 Likörhersteller – so in Altenberg und Bockau, – bieten ihre Kräuterliköre an. Sie haben sich die Vielfalt der Region an Kräutern und Wildfrüchten zunutze gemacht, um nach alten Familienrezepturen die verschiedensten Sorten zu destillieren. Die erzgebirgischen Destillen haben eine fast 300 Jahre zurückreichende Tradition.

KUNSTHANDWERK

Eine Figur für die Weihnachtszeit hat fast jeder Erzgebirgsbesucher bei der Heimreise im Gepäck. Handgefertigte Lichterengel, Schwibbögen, Nussknacker und Räuchermännchen sind die Klassiker. Wer – vor allem in Seiffen – in Werkstätten oder Geschäfte schaut, stöhnt jedoch, denn die Auswahl ist riesig. Und da ein erzgebirgisches Räuchermännchen mit heimischen Räucherkerzchen am besten pafft, sollte man ein Paket „Original Crottendorfer" nicht vergessen!

PLAUENER SPITZE

Die Erfindung der maschinengestickten Tüll- und Ätzspitze Ende des 19. Jhs. verschaffte Plauen seinen Weltruf als Spitzenstadt. Eine spezielle Handwickeltechnik macht die feine Spitze dabei auch heute in ihrer Qualität unverwechselbar. Hochwertige Tischwäsche, Gardinen, Oster- und Weihnachtschmuck werden aus Spitze hergestellt oder mit dieser umfasst. Und nicht zu vergessen: Echte Plauener Spitze kommt nur aus Plauen.

> STÄDTE MIT REICHER GESCHICHTE

Prachtvolle Bauten und kostbare Kunstwerke erinnern an früheren Reichtum

> Drei Eingangstore hat das Erzgebirge: *Chemnitz, Freiberg* und *Zwickau*, drei Städte mit reicher Geschichte und großen wirtschaftlichen Traditionen. Alle bieten prachtvolle Bauten und eine Fülle von kulturhistorischen Kostbarkeiten. In Chemnitz war es vor allem der Maschinenbau, der zu Wohlstand führte.

Was um Freiberg und Zwickau wirtschaftliche Blüte hervorbrachte, lassen die Geröllhalden erkennen: der Bergbau. Nach manchem Auf und Ab war damit 1977 endgültig Schluss, als der letzte Förderwagen mit Steinkohle aus dem Schacht rollte. Alle drei Städte sind in das waldreiche, hügelige Erzgebirgsvorland eingebunden.

CHEMNITZ

KARTE IN DER HINTEREN UMSCHLAGKLAPPE

[111 E2–3] Chemnitz (244 000 Ew.), zu DDR-Zeiten das hässliche Entlein Sach-

Bild: Chemnitz

ERZGEBIRGS VORLAND

sens, hat sich zu einer lebendigen, hellen und modernen Großstadt gewandelt, in der es rund ums Jahr viel zu erleben gibt. Beeindruckend wurden Tradition und Moderne zu einem facettenreichen Ganzen verschmolzen. Unübersehbar ist die reiche industrielle Vergangenheit von Chemnitz – der Wiege des deutschen Maschinen- und Fahrzeugbaus –, die imposante Bauten der Industriearchitektur hinterlassen hat. Geschickt hat man es verstanden, die Gebäude, viele davon entlang der *Zwickauer Straße,* in die Kunst- und Kulturszene einzubeziehen. Daneben stehen supermoderne Bauten wie die Shoppingmeile *Galerie Roter Turm* mit ihrer filigranen Terrakottafassade und das voll verglaste *Galeria-Kaufhaus,* die von den Architekten Hans Kollhoff und Helmut Jahn stammen. Das meistfotografierte Motiv jedoch ist der monumentale *Karl-Marx-Kopf* des Russen

Lew Kerbel in der *Brückenstraße* – die bronzene Erinnerung an die Zeit von 1953 bis 1990, als die Stadt den Namen Karl Marx' trug. Wer nach dem Sightseeing pflastermüde geworden ist, hat reichlich Möglichkeiten zum Erholen: Mehr als ein Drittel der Stadt besteht aus Wäldern, Parks und Grünanlagen, sodass auf jeden Einwohner 150 m² Grün kommen.

„Proletarier aller Länder, vereinigt euch!" – Zitat und Kopf von Karl Marx

SEHENSWERTES

KASSBERG

Eines der größten und reizvollsten Jugendstil- und Gründerzeitviertel Europas. Rund 600 prachtvolle, zum großen Teil denkmalgeschützte Bauwerke erfreuen mit ihrer Farben- und Formenvielfalt das Auge.

MUSEUM GUNZENHAUSER ★

Chemnitz beherbergt seit 2007 eine der umfangreichsten Sammlungen der klassischen Moderne. Ihr Wert wird auf mehr als 100 Mio. Euro geschätzt. Der Bundespräsident eröffnete das neue Museum, das fast 2500 Kunstwerke aus der Sammlung des Galeristen Alfred Gunzenhauser umfasst, darunter mit 290 Werken den weltgrößten Bestand an Bildern von Otto Dix. *Di–Fr 12–19, Sa, So 11–19 Uhr | Führungen Di–Fr 15 Uhr, Sa, So, 12 Uhr | Stollberger Str. 2 | www.kunstsammlungen-chemnitz.de* Insid Tip

SÄCHSISCHES INDUSTRIEMUSEUM

Viele Exponate werden vorgeführt. Ein besonderes Erlebnis ist eine

Fahrt mit der Handhebeldraisine *(April–Okt. Sa, So 13–16 Uhr bei regenfreiem Wetter). Mo–Do 9–17, Sa, So 10–17 Uhr | Zwickauer Str. 119 | www.saechsisches-industriemuseum.de*

SCHAUBERGWERK FELSENDOME RABENSTEIN

Beeindruckend sind domartige Weitungen, die beim Kalksteinabbau von 1375 bis 1908 entstanden. Im Domsaal fasziniert die hervorragende Akustik, ein Musikstück gehört zum Führungsprogramm. Mutige wagen sich zum Höhlentauchen in das kalte Wasser *(Anmeldung Tel. 0371/51 72 72). Führungen stdl. 10–17 Uhr | Weg nach dem Kalkwerk 5 | www.felsendome.de*

Insider Tipp

VILLA ESCHE ★

Die von dem Belgier Henry van de Velde entworfene Villa gilt als Baudenkmal von europäischem Rang. Sie beherbergt das erste Van-de-Velde-Museum in Deutschland und dient außerdem als Kommunikations- und Begegnungsstätte. *Mi, Fr–So 10–18 Uhr | Parkstr. 58 | www.villaesche.de*

ESSEN & TRINKEN

HECK-ART-HAUS ▶▶

In dem Restaurant und Haus für Künstler sorgen frische saisonale Produkte aus der Region für kulinarischen Genuss. „Eine gelungene Mischung aus moderner Kunst und qulitätsvollen Speisen", lobt auch der Gault Millau. Gut und günstig: das „Opernmenü"! *Mühlenstr. 2 | Tel. 0371/694 68 18 | www.restaurant-heck-art.de* | €€

STRELLERS RESTAURANT

Kreative, marktfrische Gourmetküche in einem angenehmen Ambiente. *Bergstr. 69 | Tel. 0371/355 19 00 | www.strellers-restaurant.de* | €€€

VILLA ESCHE

Feine regionale und mediterrane Gerichte können Sie in der ehemaligen Remise der Gründerzeitvilla genießen. *Parkstr. 58 | Tel. 0371/236 13 63 | www.restaurant-villaesche.de* | €€€

MARCO POLO HIGHLIGHTS

★ Schloss Augustusburg
Drei Museen, Aussichtsturm und Adler- und Falkenhof (Seite 35)

★ Freiberger Dom
Zwei Silbermann-Orgeln und die weltberühmte Goldene Pforte (Seite 36)

★ Lichtenstein
Ein Städtchen mit zahlreichen Museen und Ausstellungen für Kinder und Erwachsene (Seite 40)

★ Villa Esche
Sehenswerte Gründerzeitvilla mit Henry-van-de-Velde-Museum (Seite 33)

★ Deutsches Landwirtschaftsmuseum Schloss Blankenhain
Bäckerei, Dorfschule, Bauernhöfe und Rittergut (Seite 40)

★ Museum Gunzenhauser
Bedeutende Sammlung deutscher Kunst des 20. Jhs. (Seite 32)

EINKAUFEN

Die City lädt endlich wieder zum Bummeln, Shoppen und Verweilen ein. Die über hundertjährige *Markthalle* zwischen Hartmannstraße und Kaßbergauffahrt wurde originalgetreu restauriert, Einkaufserlebnisse bieten die *Galerie Roter Turm* und das *Galeria-Kaufhaus.*

ÜBERNACHTEN

ADELSBERGER PARKHOTEL HOYER

Eine gute Adresse am Stadtrand. *26 Zi. | Wilhelm-Busch-Str. 61 | Tel. 0371/77 42 00 | Fax 77 33 77 | www.adelsberger-parkhotel.de* | €€

GÜNNEWIG HOTEL CHEMNITZER HOF

Stilvolles Ambiente im traditionsreichsten Haus der Stadt, 1930 im Bauhausstil errichtet. *92 Zi. | Theaterplatz 4 | Tel. 0371/68 40 | Fax 676 25 87 | www.guennewig.de* | €€€

SCHLOSSHOTEL KLAFFENBACH

Ruhige und komfortable 49 Zimmer im idyllischen Wasserschloss vor den Toren von Chemnitz. *Wasserschlossweg 6 | OT Klaffenbach | Tel. 0371/261 10 | Fax 261 11 00 | www.wasserschloss-klaffenbach.de* | €€

Chemnitz' Oper nimmt sich auch unbekannterer Werke an, so „Il Templario" von Otto Nicolai

AM ABEND

Im *Opernhaus* stehen auch Operette und Musical auf dem Spielplan *(Theaterplatz 2 | www.theater-chemnitz.de)*. Das *Schauspielhaus* befindet sich am *Park der Opfer des Faschismus.* Im Gewölbe der Markthalle spielt das *1. Chemnitzer Kaba-*

rett (www.erstes-chemnitzer-kabarett.de). Der *CineStar-Filmpalast* in der *Galerie Roter Turm* ist mit elf Sälen und 3000 Plätzen eines der größten und modernsten Kinocenter Sachsens *(www.cinestar.de).* Die Disco *In & Holiday (Leipziger Str. 193)* verfügt über neun Erlebnisbereiche für verschiedene Altersgruppen. ▶▶ „Weltecho" heißt ein Projekt, das sich der zeitgenössischen Kultur- und Kunstszene widmet. Konzerte, Partys, Performances, Filme, Improvisationstheater finden im Haus *Kammer der Technik* statt *(Annaberger Str. 24 | Tel. 0371/36 46 91 | www.weltecho.eu).*

AUSKUNFT

TOURIST-INFORMATION

Markt 1 | 09111 Chemnitz | Tel. 0371/69 06 80 | Fax 690 68 30 | www.chemnitz-tourismus.de

ZIELE IN DER UMGEBUNG

SCHLOSS AUGUSTUSBURG ★ [111 F3]

Für das in 516 m Höhe thronende Schloss, 12 km östlich von Chemnitz, sollten Sie einen ganzen Tag einplanen. Denn in dem Jagd- und Lustschloss (1568–72) von Kurfürst August I. bei der gleichnamigen Stadt (5300 Ew.) gibt es viel zu sehen. Drei Museen sind hier zu Hause: das *Motorradmuseum,* das die hundertjährige Geschichte des Motorrads dokumentiert; das *Museum für Jagdtier- und Vogelkunde des Erzgebirges* mit interessanten Dioramen und in einem ehemaligen Stallgebäude das *Kutschenmuseum.* Viel Interesse findet die Ausstellung zur Schloss- und Jagdgeschichte mit einer Licht-Ton-Präsentation; ✲ Der Aussichtsturm bietet wechselnde Ausstellungen und – nach 130 Stufen – eine herrliche Fernsicht. *Die gesamte Anlage ist geöffnet April–Okt. tgl. 9.30–18 Uhr, Nov.–März tgl. 9.30–17 Uhr | www.die-sehenswerten-drei.de*

FREIBERG

[112 B3] 5200 t Silber wurden um Freiberg herum in 800 Jahren zutage gefördert. Das hat eine Menge Geld eingebracht, was die Bauwerke in der Stadt (44 000 Ew.) anschaulich belegen. Heute wird der mittelalterliche Stadtkern als Silberader Freibergs bezeichnet, denn seinetwegen kommen die Touristen. Freiberg rühmt sich der 1765 gegründeten Bergakademie, der noch heute bestehenden ersten Montan-Hochschule der Welt, und der bedeutendsten Orgel von Gottfried Silbermann. Wer ihre fantastische Klangfülle bei ei-

>LOW BUDGET

- 32 Euro für das Doppelzimmer (2 Pers. und ein Kind bis 12 Jahre), Frühstück 5,50 Euro pro Person: Preiswerter als im *Etap-Hotel* in Zwickau lässt es sich weit und breit nicht übernachten *(62 Zi. | Rudolf-Ehrlich-Str. 9 | im Gewerbepark Crossen | Tel. 0375/430 93 20 | www.etaphotel.com).*
- Freien Eintritt gibt es zu den *Musikalischen Vespern* der Stadt- und Marktkirche St. Jakobi in Chemnitz in der Theaterstraße, die meist donnerstags um 18 Uhr stattfinden *(Tel. 0375/676 19 12 | www.jakobi.kirche-chemnitz.info).*

nem Domkonzert erlebt, dem bleibt Freiberg, „Mutter der sächsischen Bergstädte" genannt, unvergesslich.

SEHENSWERTES

FREIBERGER DOM ★

Das schlichte Äußere lässt die prunkvolle Ausstattung kaum erahnen. Die lebensgroßen Figuren der zwölf Apostel sowie der „klugen und törichten Jungfrauen" (um 1510) gehören zum Wertvollsten, was die Kunst der Spätgotik hinterlassen hat, und die *Tulpenkanzel* (1508–10) von Hans Witten zu den einfallsreichsten plastischen Schöpfungen dieser Stilepoche. Im Dom erklingt Silbermanns älteste und größte Orgel; die kleine Silbermann-Orgel kam erst 1939 hierher. Weltberühmt wurde die *Goldene Pforte,* die zu den besten Zeugnissen der mittelalterlichen Bau- und Bildkunst gehört. *Führungszeiten bei der Tourist-Information* | *www.freiberger-dom.de*

Phantastische Bildhauerkunst aus Tuffstein: die Tulpenkanzel im Freiberger Dom

OBERMARKT

Immer wieder beeindruckend ist dieser Platz mit dem Brunnendenkmal (1898) Markgraf Ottos I. von Meißen („Otto der Reiche"), der die Stadt 1168 gründete. Das *Rathaus* (1410–14) war im Mittelalter das größte in Sachsen, täglich um 11.15 und um 16.25 Uhr erklingt von ihm das Glockenspiel. Das 32 m hohe *Haus Nr. 17* von 1530 ist einer der frühesten Renaissancebauten in Sachsen.

SÄCHSISCHES BESUCHERBERGWERK „HIMMELFAHRT-FUNDGRUBE"

Tagesanlagen Alte Elisabeth: Die ältesten erhaltenen Schachtgebäude des Freiberger Bergbaus mit der originalen Ausstattung im Inneren. *Führungen (1 Std.) Mai–Sept. Mo–Fr 13, Sa 10 u. 14, So 11 Uhr* | *Fuchsmühlenweg*

Schacht Reiche Zeche: Ein komplettes und noch funktionsfähiges Silberbergwerk. *Untertageführungen (2,5 Std.), Schutzkleidung wird gestellt, Mindestalter 12 Jahre: Mai–Okt. Mo–Fr 9.30, 11, Sa 11, 14 Uhr, Nov.–April Mo–Fr 9.30, 11, 1. Sa im Monat 11, 14 Uhr* | *www.besucherbergwerk-freiberg.de*

SCHLOSS FREUDENSTEIN

Nach jahrelangem Verfall und Leerstand ist das Schloss im Herbst 2008 zu neuem Leben erweckt worden. Neben dem Bergarchiv Freiberg, das hier seine historischen Kulturgüter aus sechs Jahrhunderten präsentiert, gibt die mit 80 000 Exponaten weltgrößte Mineralien-Schau „Terra mineralia" Einblicke in die faszinierende Farben- und Formenvielfalt der Minerale. *Auskunft über Öffnungszeiten Tel. 0371/27 32 66 | www.schloss-freudenstein.de*

ESSEN & TRINKEN

CAFÉ HARTMANN

Nichtrauchercafé im Wiener Stil. Nur hier ist der Freiberger Bauerhase (s. S. 28) zu haben; kleine Speisekarte. *Obermarkt 1 | Tel. 03731/228 07* | €

LE BAMBOU

Französisch inspirierte Spitzenküche in afrikanischem Ambiente mit Bambusmöbeln und Kunsthandwerk. *Obergasse 1 | Tel. 03731/35 39 70 | www.lebambou.de* | €€€

PFEFFERSACK

In der historischen Gastwirtschaft am Dom sind regionale Wildgerichte die Spezialität. Im Sommer Biergarten im Innenhof. *Kirchgasse 15c | Tel. 03731/45 86 76 | www.historische-gastwirtschaft-pfeffersack.de* | €

EINKAUFEN

Im *Kunsthandwerkerhof, Burgstr. 19,* können Sie auf zwei Etagen verschiedenen Kunsthandwerkern bei der Arbeit über die Schulter schauen. Reizvoll ist ein Bummel durch die *Gerber-Passage,* die vom Untermarkt zur Meißner Gasse führt. *www.kultur-freiberg.de*

ÜBERNACHTEN

HOTEL KRELLER

Das älteste Gasthaus der Stadt, mitten in der Altstadt liegend, bietet 37 moderne Zimmer. *Fischerstr. 5 | Tel. 03731/359 00 | Fax 232 19 | www.hotel-kreller.de* | €€

SILBERHOF

Moderner Hotelkomfort in ruhiger Zentrumslage. *30 Zi. | Silberhofstr. 1*

Den Obermarkt überblickt Markgraf Otto I.

| Tel. 03731/268 80 | Fax 26 88 78 | www.silberhof.de | €€

AM ABEND

Schauspiel, Oper und Musical bietet das *Mittelsächsische Theater (Born-*

gasse 1–3 | Spielplan-Infos: Tel. 03731/35 82 34 | www.mittelsaechsisches-theater.de). Konzerte im Dom auf den zwei Silbermann-Orgeln gehören zu den Höhepunkten jedes Aufenthalts in der Stadt *(Mai–Okt. Do 20 Uhr).* Treff der Jugend ist die Großdisco *Absolom (Himmelfahrtsgasse | www.diskothek-absolom.de).*

AUSKUNFT

FREIBERG-INFORMATION

Burgstr. 1 | 09599 Freiberg | Tel. 03731/27 32 66 | Fax 27 32 60 | www.freiberg.de

ZIEL IN DER UMGEBUNG

OEDERAN **[112 A3]**

Sehenswert im 7400-Ew.-Ort ist die Freiluftausstellung „Klein Erzgebirge": 185 der schönsten und historisch interessantesten Bauwerke des Erzgebirges auf einem Fleck – in Miniaturnachbildung 1:25. *15 km westlich von Freiberg | Ostern–Okt. tgl. 10–18 Uhr (Juni–Aug. ab 9 Uhr) | Stadtpark | www.klein-erzgebirge.de*

ZWICKAU

[110 B4] Der Silber- und später dann der Steinkohlebergbau haben in dem wirtschaftlichen und geistig-kulturellen Zentrum Westsachsens eindrucksvolle, kontrastierende Spuren hinterlassen: gewaltige Abraumhalden am Stadtrand und prachtvolle Bauten in der Stadtmitte. Denn der Bergbau führte Zwickau (100 000 Ew.) zu wirtschaftlicher und kultureller Blüte. Philipp Melanchthon, der Mitstreiter Luthers, urteilte 1548: „In Kunst und Wissenschaft übertrifft Zwickau alle Städte dieser Lande." Ganz so ist es heute nicht mehr, denn die anderen haben mächtig nachgezogen, und Zwickaus Glanz verblasste in den Jahrhunderten nach Melanchthon. Kunst und Wissenschaft sind aber dennoch bedeutend. Tradition besitzt Zwickau auch im Automobilbau, der Anfang des 20. Jhs. mit Horch und Auto-Union begann und den VW im nahen Mosel fortsetzt.

SEHENSWERTES

AUGUST-HORCH-MUSEUM

Zwickau schrieb Automobilgeschichte, so durch die Siege der legendären Rennfahrer Bernd Rosemeyer und Hans Stuck in den 30er-Jahren, deren Autos in Zwickau gebaut wurden. Zu sehen ist auch der letzte Trabant, 1991 vom Band gerollt. *Di–So 9.30–17 Uhr, jeden 1. Do im Monat bis 21 Uhr | Audistraße | www.horch-museum.de*

DOM ST. MARIEN

Obwohl Zwickau nie Bischofssitz war, wird Zwickaus Hauptpfarrkirche Dom genannt. Der aufwendigste und reichste Bau obersächsischer Spätgotik schmückt sich mit einer wertvollen Ausstattung. Einen wundervollen Blick hat man vom 87 m hohen Turm.

HAUPTMARKT

Ein großartiges Beispiel mittelalterlicher Stadtbaukunst. Im Haus der Tuchmacher (1522–25), *Gewandhaus* genannt, spielt seit 1823 das Stadttheater. Daneben steht das *Rathaus,* das 1866/67 seine neugotische Fassade erhielt. An der Seite zur Inneren Schneeberger Straße erklingt jede Stunde von 12 bis 17 Uhr ein

Glockenspiel. Zu den sehenswerten Häusern gehören das als Gedenkstätte eingerichtete *Geburtshaus von Robert Schumann* (Nr. 5), das durch den Staffelgiebel nicht zu übersehende *Kräutergewölbe* aus den Jahren um 1500 (Nr. 17/18) sowie das *Dünnebierhaus* von 1480 (Nr. 26). Als Sehenswürdigkeit gilt auch das originalgetreu wieder aufgebaute *Schiffchen* von 1485 in der Münzstraße 12.

PRIESTERHÄUSER-ENSEMBLE

Unternehmen Sie eine Zeitreise ins spätmittelalterliche Zwickau. Die vier Häuser zählen nachweislich zu den ältesten erhaltenen Wohnhausensembles in Deutschland. *Di–So 13–18 Uhr | Domhof | www.priester-haeuser.de*

ROBERT-SCHUMANN-HAUS

Das Geburtshaus von Robert Schumann musste 1956 wegen Baufälligkeit abgerissen werden. An gleicher Stelle wurde es mit der originalen Fassade wieder aufgebaut. Sie finden dort Informationen über Leben und Werk des Komponisten und seiner Frau Clara, geborene Wieck, einer seinerzeit berühmten Pianistin. *Di–Fr 10–17, Sa, So 13–17 Uhr | Hauptmarkt 5 | www.robert-schumann-haus.de*

ESSEN & TRINKEN

DREI SCHWÄNE

Gemütliches, von Gourmetführern gelobtes Restaurant; französisch-mediterrane Küche. *Nur abends | Tonstr. 1 (Stadtteil Schedewitz) | Tel. 0375/204 76 50 | www.drei-schwaene.de | €€€*

1. ZWICKAUER GASTHAUSBRAUEREI

In behaglicher Atmosphäre munden das hausgebraute Helle, das Dunkle und das Hefebier wie das deftige Essen. Die Spirituosen werden selbst gebrannt: Jeden Mittwoch um 19 Uhr

Lebendiges Zentrum: Blick vom Dom auf Zwickaus Hauptmarkt

darf man dem Schnapsbrenner über die Schulter schauen. Insider Tipp *Peter-Breuer-Str. 14 | Tel. 0375/303 20 32 | €*

EINKAUFEN

Wer shoppen möchte, sollte nach Zwickau fahren: Keine andere Stadt in der Region wartet mit so vielen hübschen Geschäften und kleinen Kaufhäusern auf. Das Shopping-Center *Zwickau Arcaden* zwischen Innere Plauensche-, Marien- sowie

Magazinstraße und Schwanengässchen vereint mehr als 60 Geschäfte, Gaststätten, Galerien und Lichthöfe unter einem Dach.

ÜBERNACHTEN

ACHAT

Modernes Haus zum Wohlfühlen; Hotel und Boardinghaus. *64 Apt., 204 Zi. | Leipziger Str. 180 | Tel. 0375/87 20 | Fax 87 29 99 | www.achat-hotel.de* | €€–€€€

HOLIDAY INN

Im Herzen der Altstadt liegt dieses angenehme Hotel. *127 Zi. | Kornmarkt 9 | Tel. 0375/279 20 | Fax 279 26 66 | www.holiday-inn.com/zwickau* | €€–€€€

PARK ECKERSBACH

Familiengeführtes, modernisiertes Haus, im Grünen gelegen. *16 Zi. | Trillerplatz 1 | Tel. 0375/47 55 72 | Fax 47 58 01 | www.parkeckersbach.de* | €

FREIZEIT & SPORT

Im *Johannisbad (Johannisstr. 16 | www.johannisbad.de)* empfängt Sie ein Hauch orientalischer Badekultur. Imponierend: die 92,5 m lange Wasserutsche im *Strandbad Planitz*. Bei schönem Wetter beleben Ruderboote den *Schwanenteich* mit seinen schönen Grünanlagen im Herzen der Stadt.

AM ABEND

Schauspiel, Oper und Operette stehen auf dem Spielplan des *Theaters Plauen-Zwickau,* das seine Hauptspielstätte im Gewandhaus am Markt hat *(www.theater-plauen-zwickau.de)*. Im ▶▶ *Theater in der Mühle* konzentriert sich die Theaterarbeit auf junge Zuschauer, die sich gern ungewöhnlichen Bühnenlösungen und zeitkritischen Themen stellen. Im 1875 erbauten und nun sanierten Industriedenkmal ▶▶ *Alter Gasometer* wird viel alternative Kunst geboten, Theater ebenso wie Kleinkunst und Rockkonzerte *(Kleine Biergasse 3 | www.alter-gasometer.de)*. Hinter der Bezeichnung *Konzert- und Ballhaus Neue Welt* – der Name ist Programm – verbirgt sich der größte im Original erhaltene Jugendstilsaal Sachsens in der *Leipziger Str. 182*.

Insider Tipp

AUSKUNFT

TOURIST-INFORMATION ZWICKAU

Hauptstr. 6 | 08056 Zwickau | Tel. 0375/272 59 10 | Fax 272 59 19 | www.zwickau.de, www.kultourz.de

ZIELE IN DER UMGEBUNG

DEUTSCHES LANDWIRTSCHAFTSMUSEUM SCHLOSS BLANKENHAIN ★ [110 A3]

Das einstige Leben der Dorfbevölkerung wird mit Bäckerei, Schule, Windmühle, Bierbrauerei und Bauernhöfen anschaulich dargestellt. *21 km nordwestlich von Zwickau | Mai–Mitte Okt. tgl. 9–18 Uhr, Mitte Okt.–Mitte Nov. u. Mitte Feb.–April Di–So 9–17 Uhr | www.deutsches-landwirtschaftsmuseum.de*

LICHTENSTEIN ★ [110 C3]

Das Städtchen (14 000 Ew., 11 km östlich von Zwickau) mauserte sich zu einem Domizil der Museen: Überregionale Bedeutung hat das *Daetz-Centrum,* das in die faszinierende Welt der internationalen Holzbild-

Was für ein wunderbarer Werkstoff! Das Daetz-Centrum ist der Holzbildhauerkunst gewidmet

hauerkunst führt. „Überwältigend", schrieben die Medien, als es 2001 eröffnet wurde. Der ehemalige Siemens-Manager Peter Daetz hat etwa 700 Zeugnisse der uralten Kunst des Holzbildhauens zusammengetragen oder als Auftragswerk schaffen lassen. Die Sammlung von internationaler Bedeutung, die man in Kunststädten wie Paris, Florenz oder Dresden erwarten würde, ist nun im kleinen Lichtenstein zu Hause. *Tgl. 10–18 Uhr | Schlossallee 2 | www.daetz-centrum.com*

Das *Stadtmuseum* befindet sich in der *Ernst-Thälmann-Str. 29 (Di–So 14–17 Uhr)*, das *Puppen & Spielzeugmuseum (Di–So 10–18 Uhr)* in der *Ernst-Thälmann-Str. 31*. Im *Museum „Die schnellsten Zweitakter der Welt"*, stehen etwa 50 Rennmaschinen, die einen Überblick über die Entwicklung des Motorradrennsports geben *(Di–Do, Sa, So 11–18 Uhr | Kreuzleithe 4 | www. lichtenstein-motorsport.de)*, und das *1. Sächsische Kaffeekannenmuseum* zeigt mehr als 1000 Exponate von der Barockzeit bis zur Gegenwart *(Sa 11–18, So 11–17 Uhr | Prinz-Heinrich-Str. 35)*. In der *Miniwelt Lichtenstein* sind rund 100 Bauwerke aus aller Welt zu sehen *(Ostern–Okt. tgl. 9–18 Uhr | Chemnitzer Str. 43 | www.miniwelt.de)*. Neben der Miniwelt befindet sich eines der modernsten Planetarien Deutschlands, der *Minikosmos* mit bewährter Zeisstechnik *(Programm unter Tel. 037204/722 55 | www.planetarium-lichtenstein.de)*.

OELSNITZ [116 B1]

Der 51 m hohe Förderturm weist den Weg zum *Bergbaumuseum*. Es liegt auf dem Gelände des Kaiserin-Augusta-Schachts, vor dem Zweiten Weltkrieg der modernste im Zwickau-Oelsnitz-Lugauer Steinkohlerevier, 14 km östlich von Zwickau. Unter Tage können Sie 400 m nachgebaute Strecken besichtigen. *Führungen (1,5 Std.) Di–So 9–16 Uhr | Pflockenstr. 28 | www.bergbaumuseum-oelsnitz.de*.

> WINTERSPORT- UND WANDERPARADIES

Auf stillen Waldwegen zu Aussichtspunkten, Stauseen und Bergwerksanlagen

> Mehr als 600 km markierte Wanderwege schlängeln sich durch das Osterzgebirge, das bis auf Höhen von 900 m ansteigt. Die höchste Erhebung, der Lucná (Wiesenberg, 956 m), liegt bereits auf tschechischem Gebiet. Im Westen wird das Osterzgebirge vom Flüsschen Flöha begrenzt, im Osten vom Elbsandsteingebirge, im Norden gibt es keine exakte Grenze.

Die Geschichte und das Brauchtum prägt, wie im gesamten Gebirge, der Bergbau, der im 15. Jh. begann und erst 1991 endete. Vielerorts sind Zeugnisse erhalten, beispielsweise Schaustollen und Museen.

ALTENBERG

[113 E4] **1991 endete die über 550-jährige Bergbaugeschichte Altenbergs – der Zinnabbau wurde eingestellt. Zurück blieb der letzte Hunt, ein Förderwagen, der heute als Denkmal vor dem Rathaus steht.** Zu

Bild: Cämmerswalde

OST ERZGEBIRGE

den traurigen Kapiteln der Stadtgeschichte gehören auch die letzten Tage des Zweiten Weltkrieges, in denen über die Hälfte aller Gebäude vernichtet wurde. In den Wintermonaten ist sich die alte, in eine sanfte Talmulde eingebettete Bergstadt (3600 Ew.) des Interesses der Medien sicher: Die supermoderne Altenberger ★ *Rennschlitten- und Bobbahn* ist Austragungsstätte internationaler Wettkämpfe.

SEHENSWERTES

BERGBAUMUSEUM

Hier gibt es eine Ausstellung zum erzgebirgischen Zinnerzbergbau und die immer noch voll funktionsfähige Pochwäsche, die einst der Zinnerzaufbereitung diente. Unweit davon beginnen 45-minütige Führungen in den Neubeschert-Glück-Stollen. *Mo–Do, Sa, So 10–16 Uhr | Mühlenstr. 2 | www.bergbaumuseum-altenberg.de*

KRÄUTERLIKÖRFABRIK

Seit 1842 wird der Altenberger Gebirgsbitter hergestellt *(Führung mit Verkostung Do 15, 16 u. 17 Uhr).* Sich nach dem überlieferten Rezept zu erkundigen ist zwecklos, das bleibt das Geheimnis der Familie. *Verkauf Mo–Mi, Fr 8–17.30, Do 8–*

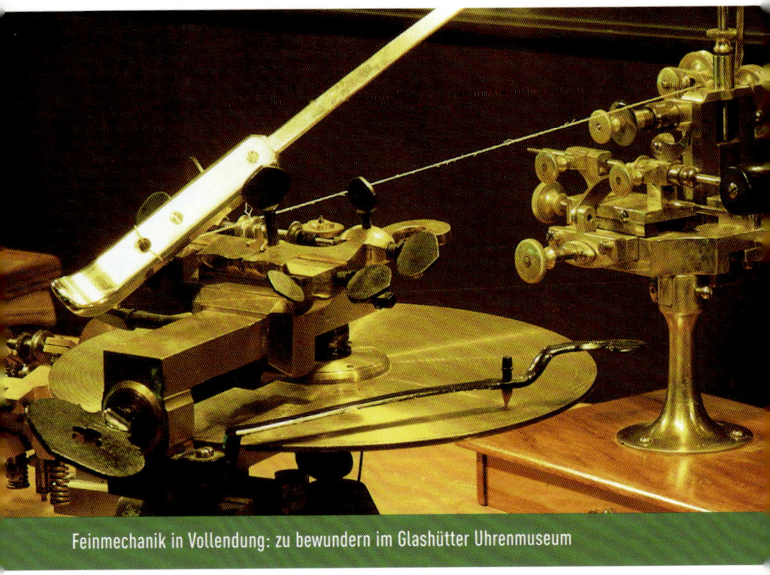

Feinmechanik in Vollendung: zu bewundern im Glashütter Uhrenmuseum

18, Sa 9–16 Uhr | Rathausstr. 27 | www.altenberger-kraeuterlikoer.de

PINGE

1620 stürzte das durch den Bergbau unterhöhlte Gebiet am nördlichen Stadtrand ein. Der Krater mit seinen steilen, bis zu 90 m abfallenden Felswänden und einem Durchmesser von 450 m gilt als der größte seiner Art in Europa. *Mai–Okt. Mi 13.30 Uhr* Insider Tipp *zweistündige Pingenwanderung, Treff Bahnhofsvorplatz*

ESSEN & TRINKEN

ALTES RAUPENNEST

Gemütliche Baude in 826 m Höhe mitten im Wald. Auf den Tisch kommen regionale Gerichte. *Mo, Di geschl. | Raupennestweg 4 | Tel. 035056/323 03 | www.altes-raupennest.de* | €

ZUM ERZGEBIRGE

Urgemütliche Gaststätte in zentraler Lage. Regionaltypische Gerichte, Wild, Forelle. *Zinnerwalder Str. 1 | Tel. 035056/322 54 | www.knappensaal.de* | €€

ÜBERNACHTEN

AM SKIHANG

Pension mit drei Restaurantbereichen in ruhiger Waldlage. *17 Zi. | Am Skihang 1 | Tel. 035056/316 10 | Fax 316 18 | www.am-skihang.de* | €

> www.marcopolo.de/erzgebirge

FREIZEIT & SPORT

Im Winter eine Gaudi für Mutige: Auf der *Rennschlitten- und Bobbahn* können Sie mit rund 100 km/h den Insider Tipp 1000 m langen Kurs mit seinen elf Kurven hinabrasen; die Bobs steuern erfahrene Piloten, allerdings nur zu bestimmten Terminen und mit Voranmeldung *(Tel. 035056/226 60 | www.bobbahnaltenberg.de)*.

Im *Kleinen Galgenteich* mit sehr sauberem Wasser ist eine 54 m lange Wasserrutsche die Attraktion, auf dem *Großen Galgenteich* können Sie Ruderboote mieten. Auch im Sommer bietet die 1000 m lange *Rodelbahn* viel Spaß.

AUSKUNFT

TOURIST-INFO-BÜRO

Am Bahnhof | 01773 Kurort Altenberg | Tel. 035056/239 93 | Fax 239 94 | www.altenberg.de

ZIELE IN DER UMGEBUNG

GLASHÜTTE [113 E3]

Die 16 km nördlich gelegene Stadt (4800 Ew.), gilt seit Mitte des 19. Jhs. als Wiege des deutschen Armbanduhrenbaus, und nach wie vor sind diese Präzisionsuhren weltweit gefragt. Glashütter Uhren und feinmechanische Geräte sind im *Uhrenmuseum* zu sehen *(Di–Fr 10–12 u. 13–16, Sa, So 10–16 Uhr | Schillerstr. 3A | www.uhrenmuseum-glashütte.de)*.

KURORT BÄRENFELS [113 D4]

Bärenfels ist ein Ort für all jene, die Ruhe und Entspannung suchen. Im Kurpark erklingt ein Meißner Glockenspiel. Besonders stimmungsvoll, wenn bei Schnee Weihnachts- und Winterlieder zu hören sind *(tgl. 9–11 u. 14–18 Uhr zu jeder vollen Stunde, Okt.–April bis 16 Uhr)*. Bärenfels, eingerahmt von Spitzberg (750 m) und Hofehübel (740 m) ist ein Ort für all jene, die Ruhe und Entspannung suchen.

SCHELLERHAU [113 D4]

Die *Dorfkirche* von 1591–93 (7 km westlich) gehört wegen ihrer farbigen Ausmalung und der Ausstattung zu den schönsten im Erzgebirge. Stimmungsvoll sind Orgelvespern Insider Tipp und zur Weihnachtszeit das Kurrende-Singen des Kinderchors. Seltene Bergpflanzen wachsen im *Botanischen Garten (Ostern–Okt. tgl. 9–17 Uhr | www.schellerhau.de)*.

ZINNWALD-GEORGENFELD [113 E5]

Untertageführungen im Besucherbergwerk „Vereinigt Zwitterfeld zu Zinnwald“, 4 km südlich von Altenberg, dauern etwa 1,5 Stunden *(Di–So 10–15 Uhr | Goetheweg 8 | www.besucherbergwerk-zinnwald.de)*. Das Naturschutzgebiet *Georgenfelder Hochmoor* ist auf einem 1200 m langen Knüppeldamm begehbar *(Mai–Okt. tgl. 9–17 Uhr)*.

MARCO POLO HIGHLIGHTS

★ **Rennschlitten- und Bobbahn**
Schauplatz internationaler Wettkämpfe
(Seite 43)

★ **Burgruine Frauenstein**
Herrlicher Blick vom Hauptturm „Dicker Merten“
(Seite 46)

FRAUENSTEIN

[112 C4] Ein kleines, adrettes Städtchen (3400 Ew.) in landschaftlich schöner Lage. Weithin bekannt wurde es durch Gottfried Silbermann: Der berühmteste sächsische Orgelbaumeister kam im Haus Dorfstr. 4 (im Stadtteil Kleinbobritzsch) zur Welt, in der Hayngasse 102 verbrachte er seine Jugend.

Im Frauensteiner Schloss befindet sich das Gottfried-Silbermann-Museum

SEHENSWERTES

BURGRUINE FRAUENSTEIN ★

Sachsens größte mittelalterliche Burgruine. „Dicker Merten" heißt der wuchtige Hauptturm im Volksmund. Zur Ruine wurde die einst bedeutende Grenzburg der Markgrafen zu Meißen beim Stadtbrand 1728. *Mai–Okt. tgl. 9–17 Uhr*

GOTTFRIED-SILBERMANN-MUSEUM

Die einzige museale Gedenkstätte in Deutschland für einen Orgelbauer ist im Kreuzgewölbesaal des Schlosses untergebracht, in dem auch regelmäßig Konzerte stattfinden. *Mai–Okt. tgl. 9–17 Uhr, Nov.–April Mo–Fr 9–12 u. 13–16 Uhr, Sa, So ab 10 Uhr*

ESSEN & TRINKEN ÜBERNACHTEN

AM RENNBERG

Am Rand des Dörfchens Schönfeld, 8 km östlich, wohnt man behaglich und ruhig mit herrlicher Aussicht. Im Restaurant (€€) mit Wintergarten werden mit Liebe zubereitete Speisen serviert. *15 Zi. | Schmiedeberg (OT Schönfeld) | Tel. 035052/23 60 | Fax 236 10 | www.rennberg.de | €*

AUSKUNFT

FREMDENVERKEHRSAMT

Am Markt 29 | 09623 Frauenstein | Tel. 037326/93 35 | Fax 838 19 | www.frauenstein-erzgebirge.de

GEISING

[113 E4] **Die Menschen in dem Städtchen (3200 Ew.) lebten Jahrhunderte vom Bergbau, heute bestimmt der Tourismus das Geschehen.** Geising ist eine planlos gewachsene Talsiedlung, was ihren besonderen Reiz ausmacht. Geschichte verkörpert der unter Denkmalschutz gestellte Stadtkern mit dem 500 Jahre alten Saitenmacherhaus. Sehenswert ist auch der 8 km entfernte Ortsteil *Lauenstein* mit seinem reizvollen Schloss, das das Osterzgebirgsmuseum beherbergt.

ESSEN & TRINKEN ÜBERNACHTEN

WALDHOTEL AM ASCHERGRABEN

18 Zimmer ruhig am Wald gelegen und ein Restaurant mit gutem Ruf, in dem der Vorsitzende des „Vereins Dresdner Köche von 1872" kocht. *Teplitzer Str. 36 | Tel. 035056/234 00 | Fax 23 40 69 | www.waldhotel-aschergraben.de | €€*

FREIZEIT & SPORT

Spaß und Action für die ganze Familie: Im umweltfreundlichen, weil unmotorisierten Gokart geht es im Sommer am *Skilift* den Abhang hinunter. Im überdachten *Gründelstadion* lädt von Mitte Oktober bis März die Eisfläche ein: Schlittschuhe stehen zum Ausleihen bereit, auch im Curling kann man sich versuchen, und am Wochenende gibt's Eisdisco.

AUSKUNFT

BÜRGERBÜRO

Hauptstr. 25 | 01778 Geising | Tel. 035056/389 12 | Fax 389 13 | www.geising.de

ZIEL IN DER UMGEBUNG

LAUENSTEIN [113 E4]

In dem malerisch gelegenen Renaissanceschloss, 8 km von Geising, sind vielfältige Ausstellungen zur Regionalgeschichte zu sehen *(Di–So 10–16.30 Uhr)*, ebenso gibt es Falknervorführungen *(Di-So 15 Uhr | www.jagdidyll.de)*. Insider Tipp

Fantasievolle Küche serviert man im traditionsreichen Gasthaus *Goldener Löwe*. Besonders lecker: der Wildschweinbraten in Honig-Schwarzbiersoße mit Preiselbeerrotkohl und Kartoffelklößen *(Teplitzer Str. 1 | Tel. 035054/293 80 | www.stadtcafe-lauenstein.de | €€)*.

> LOW BUDGET

> Preisbewusste buchen das Doppelzimmer mit Frühstück in der *Pension Berghaus (Max-Reimann-Str. 14 | Tel. 035052/676 68 | www.berghaus-kipsdorf.de)* in Kurort Kipsdorf, denn da ist es ab 39 Euro pro Nacht zu haben. Ab 43 Euro kostet das Doppelzimmer mit Frühstück im *Hotel Felsenburg (Alte Böhmische Str. 20 | Tel. 035052/204 50 | www.hotel-felsenburg.de)* in Kurort Bärenfels.

> 4 Euro kostet der zweistündige Aufenthalt in der Bäderlandschaft im *Johannesbad Raupennest* in Altenberg *(www.raupennest.de)*. Donnerstags darf man ab 19 Uhr für diesen Preis sogar 3 Stunden baden.

> MIT DER DAMPFLOK ZUM FICHTELBERG

Die Heimat des bärbeißigen Nussknackers und filigraner Klöppelarbeiten

> Ausgedehnte Waldgebiete auf den Hochflächen und tief eingeschnittene Täler mit grünen Wiesen verführen zu Spaziergängen und Wanderungen. Schaubergwerke gestatten Einblicke in das schwere Bergmannsleben unter Tage, Hammerwerke lassen erahnen, wie mühevoll früher Metalle verarbeitet wurden. Die Bergstädte *Annaberg-Buchholz* und *Marienberg* künden mit ihren prächtigen Sakral- und Bürgerbauten vom Wohlstand, den ihnen der sächsische Bergbau bescherte.

In vielen Orten zaubern wie vor Jahrhunderten Schnitzer und Drechsler aus dem Holz der Wälder kleine Kostbarkeiten, die zu Weihnachten die Region in eine lichterüberflutete Märchenlandschaft verwandeln.

Frostfreie Tage gibt es in *Oberwiesenthal,* dem bedeutendsten Wintersportgebiet der Region, im Durchschnitt nur 137, auf dem *Fichtelberg* sogar nur 117 – das garantiert gute Wintersportbedingungen. Die Anla-

Bild: Annaberg-Buchholz

MITTLERES ERZGEBIRGE

gen am Fichtelberg sind häufig Austragungsort internationaler Wettkämpfe.

ANNABERG-BUCHHOLZ

[117 D2] **Stadt des Silberbergbaus, der filigranen Spitzenklöppeleien und der Posamenten. Annaberg und Buchholz (24 000 Ew.), seit 1945 vereint, erstrecken sich mit ihren engen Gässchen beiderseits des Sehmatals.** Die große wirtschaftliche Vergangenheit hat ehrwürdige Bauwerke hinterlassen, so die *St.-Annen-Kirche,* die größte und bedeutendste spätgotische Hallenkirche Obersachsens. Häuser aus dem 18. und 19. Jh. mit meist steilen Satteldächern umgeben den 90 x 100 m großen Marktplatz. An der Nordseite steht beherrschend das *Rathaus,* das sein heutiges Aussehen

Eine der beeindruckendsten Hallenkirchen Sachsens: St. Annen

1751 bekam. Wer pflastermüde ist, hat in wenigen Minuten die weiten Wälder in der nahen Umgebung erreicht, wo er tief durchatmen kann. Ziele für Wanderungen lassen sich am nördlichen Stadtrand vom 32 m hohen Aussichtsturm auf dem *Pöhlberg* abstecken, bekannt durch Basaltsäulen, deren charakteristische Form ihnen die volkstümliche Bezeichnung „Butterfässer" eintrug.

SEHENSWERTES

ADAM-RIES-MUSEUM

Wohn- und Schulgebäude des berühmten Rechenmeisters. *Di–So 10–16 Uhr | Johannisgasse 23 | www.adam-ries-bund.de*

ERZGEBIRGSMUSEUM MIT BESUCHERBERGWERK IM GÖSSNER

Das Museum zeigt Kunst aus der Zeit des Silberbergbaus und Beispiele aus dem Posamentier- und Klöppelgewerbe. Das 500 Jahre alte Silberbergwerk wurde 1993 bei Probebohrungen im Museumshof entdeckt. Der Rundweg unter Tage hat eine Länge von 260 m. *Tgl. 10–17 Uhr | letzte Bergwerksführung (1 Std.) 15.30 Uhr | Große Kirchgasse 16*

ST.-ANNEN-KIRCHE ★

Ein Meisterwerk der spätgotischen Architektur! Die Innenausstattung der großen Hallenkirche (1499–1525) geizt nicht mit sakralen Kunstwerken. Sogar die Rückseite des Bergaltars ist interessant: Vier Bildtafeln schildern die Arbeitsmethoden des mittelalterlichen Silberbergbaus *(Mai–Dez. Mo–Sa 10–17, So 12–17*

Insider Tipp

Uhr, Jan.–April Mo–Sa 10–16, So 12–16 Uhr). Bei gutem Wetter ist der Kirchturm geöffnet, und nach 174 Stufen wird die Mühe des Aufstiegs mit einem spannenden Blick belohnt. *Mai–Okt. Mo–Fr 10–16.30, Sa 10–17, So 13.30–17 Uhr | Große Kirchgasse | www.annenkirche.de*

An allen Adventswochenenden ist der Turm von 15 bis 18 Uhr zugänglich und macht einen herrlichen Blick auf das weihnachtliche Annaberg möglich.

Insider Tipp

ESSEN & TRINKEN

SILBERBAUM

Stilvoll speist man im historischen Restaurant mit einer Kassettendecke aus dem 15. Jh. *Markt 13 | Tel. 03733/14 40 | www.hotel-wildermann.de | €€€*

Insider Tipp

ÜBERNACHTEN

PARKHOTEL WALDSCHLÖSSCHEN

Ruhige Lage mitten im Grünen, großzügige, modern eingerichtete 28 Zimmer. *Waldschlösschenpark 1, im OT Buchholz | Tel. 03733/677 40 | Fax 67 74 44 | www.parkhotel-waldschloesschen.de | €€*

TRADITIONSHOTEL WILDER MANN

71 gut ausgestattete Zimmer und Suiten mitten im Zentrum. *Markt 13 | Tel. 03733/14 40 | Fax 14 41 00 | www.hotel-wildermann.de | €€€*

FREIZEIT & SPORT

Das *Freibad Am Stangewald* (an der B 101) hat eine Wassertemperatur von mindestens 20 Grad; hier gibt es in den sächsischen Sommerferien freitags Nachtbaden mit Unterwasserbeleuchtung. Wem das zu kühl ist, der geht in die *Schwimmhalle Atlantis* (an der B 95) mit 30 Grad warmem Wasser und Wasserrutsche.

Insider Tipp

AM ABEND

Beliebt in der *St.-Annen-Kirche* sind die Vespermusiken von Juni bis September (immer samstags um 17 Uhr) und die Adventsmusiken. Das *Eduard-von-Winterstein-Theater (Buchholzer Str. 67 | Tel. 03733/140 71 30 | www.winterstein-theater.de)* ist ein Mehrspartentheater. Urig gemütlich geht es in der Gewölbekneipe *Ratsherrenbad* zu *(So geschl. | Fleischerplatz 4)*. In einem alten Gewölbe entstand die ▶▶ Dichtkneipe *rumpel de pumpel (Kleine Kirchgasse 1)*.

AUSKUNFT

TOURIST-INFORMATION

Markt 1 | 09456 Annaberg-Buchholz | Tel. 03733/194 33 | Fax 42 51 85 | www.annaberg-buchholz.de

MARCO POLO HIGHLIGHTS

★ **St.-Annen-Kirche**
Ein Meisterwerk spätgotischer Architektur in Annaberg-Buchholz (Seite 50)

★ **Fichtelbergbahn**
Mit dem Schmalspurzug zum Wintersportzentrum Oberwiesenthal (Seite 54)

★ **Frohnauer Hammer**
Blasebälge fauchen und Eisenhämmer dröhnen in diesem Museum (Seite 52)

★ **Kurort Seiffen**
Spielzeug, Spielzeug, Spielzeug: Hier werden Kinderträume wahr (Seite 56)

ZIELE IN DER UMGEBUNG

DREBACH [117 D1]

Rund 7000 Sterne werden an die Kuppel des gegenwärtig größten und modernsten Kleinplanetariums in Deutschland projiziert, 15 verschiedene Programme, die ständig aktualisiert werden, sind im Angebot. In der Volkssternwarte des 15 km nördlich von Annaberg gelegenen Ortes (2500 Ew.) finden von Ende September bis Anfang April Beobachtungsabende statt. *Auskunft über Termine Tel. 037341/74 35 | www.sternwarte-drebach.de*

EHRENFRIEDERSDORF [117 D2]

Nach über 700 Jahren endete 1990 der Zinnbergbau am Sauberg in Ehrenfriedersdorf (5500 Ew.), 10 km nördlich von Annaberg. Die Zinngrube wurde Schaubergwerk, die Seilfahrt führt in 100 m Tiefe. *Erlebnisführung 3 Std. (Mindestalter 10 Jahre) Di–So 10, 14 Uhr | Touristikführung 1,5 Std. (Mindestalter 6 Jahre) Sa, So 11, 13, 15 Uhr | www.zinngrube.de.* Im angeschlossenen *Mineralogischen Museum (tgl. 10–17 Uhr)* stehen Mineralien zum Kauf bereit.

Im Frohnauer Hammer wird das Eisen geschmiedet, solange es heiß ist

FROHNAU [117 D2]

Das technische Museum ★ *Frohnauer Hammer*, 2 km von Annaberg entfernt, gehört zu den Besuchermagneten im Erzgebirge. Wie vormals fauchen hier mächtige Blasebälge, drehen sich Wasserräder und pochen dröhnend die schweren Eisenhämmer. Der größte von ihnen schlägt 20- bis 40-mal pro Minute. Dem Museum angeschlossen sind eine Volkskunstgalerie und das Herrenhaus mit der Wohnung der letzten Hammerherren *(1-Std.-Führungen tgl. 9, 12, 13–16 Uhr | Sehmatalstr. 3).* Im *Besucherbergwerk Markus Röhling Stolln* im Ortsteil Schönfeld fahren Sie fast 630 m mit der Grubenbahn in den Berg *(1-Std.-Führungen tgl. 9–16 Uhr | Sehmatalstr. 15 | www.roehling-stolln.de).* Zu den stimmungsvollsten Gaststätten der Region gehört die im Herrenhaus des Frohnauer Hammers *(Tel. 03733/42 94 44 | www.frohnauer-hammer.de | €€).*

GEYER [111 E5]

1803 stürzten letztmalig die riesigen Weitungen des Zinnbergwerks am Geyersberg zusammen, zurück blieb ein 50 m tiefer Einbruchstrichter von 300 x 210 m Größe, das *Naturdenkmal Pinge,* 9 km nordwestlich von Annaberg. Lebensgefährlich kann es werden, wenn Sie die ausgeschilderten Wege verlassen! Der 42 m hohe Wachtturm vor der St.-Laurentius-Kirche in Geyer (4500 Ew.) beherbergt das *Heimatmuseum (Di–Fr 10–13, Sa 9–17 Uhr).* Das täglich geöffnete *Freizeitbad Ana-Mare (Turmerstr. 82, www.anamare.de)* erfreut Gäste mit Wellenbad, Wildwasserkanal und Saunalandschaft. *www.stadt-geyer.de*

GREIFENSTEINGEBIET [111 E4–5]

Vom 30 m hohen Aussichtsfelsen des Feriengebietes, das 12 km nordwestlich von Annaberg liegt, haben Sie einen herrlichen Blick über das mittlere Erzgebirge. Der von Bergleuten vor Jahrhunderten angelegte Waldsee *Greifenbachstauweiher,* auch Geyerscher oder Großer Teich genannt, bietet Badevergnügen. Auf der *Naturbühne* gastiert in den Sommermonaten das Eduard-von-Winterstein-Theater aus Annaberg. Das museale *Berghaus auf den Greifensteinen* hat geöffnet *Nov.–April Mo–Fr 10–16, Sa, So 11–16 Uhr, Mai–Okt. Mo–Fr 9–17, Sa, So 10–17 Uhr.* Neben dem Museum weist ein Schild zur *Stülpner-Höhle.* Das Mundloch des alten Bergbaus soll dem erzgebirgischen Volkshelden und Anwalt der Armen, dem Wildschützen Karl Stülpner (1762–1841), der sich gegen die feudalen Jagdgestzte auflehnte, eine Zeit lang als Unterschlupf gedient haben. *www.greifensteine-erzgebirge.de*

SCHLOSS SCHLETTAU [111 E6]

Interessant im 3 km entfernten Schloss sind die Schauwerkstatt zur Kräuterlikörherstellung, die Posamentenwerkstatt und die Sammlung „Erzgebirgische Landschaftskunst“. *Di–Fr 10–17, Sa 14–17, So 13–17 Uhr | www.schloss-schlettau.de*

KURORT OBER-WIESENTHAL

KARTE IN DER HINTEREN UMSCHLAGKLAPPE

[117 D4] **Deutschlands höchstgelegene Stadt (914 m) und zugleich beliebtestes Wintersportzentrum des Erzgebirges.** Bereits 1911 fanden in Oberwiesenthal (3000 Ew.) am Fuß des Fichtelbergs deutsche Skimeisterschaften statt. Das Skigebiet reicht bis in den Ort hinein, sodass lange Wege wegfallen. Zum Fichtelberg schweben eine Kabinenbahn – die erste, die in Deutschland errichtet wurde – und ein Sessellift. Seit 1935 darf die Stadt den amtlichen Zusatz Kurort führen.

SEHENSWERTES

FICHTELBERG

Mit 1214 m der zweithöchste Berg des Erzgebirges. Am bequemsten ist der Gipfel in 3–4 Minuten mit der Fichtelberg-Schwebebahn oder mit dem Sessellift zu erreichen. Der 31 m hohe Aussichtsturm gehört zum neuen *Hotel Fichtelberghaus (28 Zi. | Tel. 037348/12 30 | Fax 123 45 | www.hotel-fichtelberghaus.de | €€)*. Mitunter reichen die einzigartigen Fernsichten bis zum 180 km entfernten Inselsberg in Thüringen oder zur 200 km entfernten Schneekoppe im Riesengebirge. Allerdings brauchen Sie hierfür auch etwas Glück, denn an durchschnittlich 290 Tagen im Jahr hüllt Nebel den Berg ein.

FICHTELBERGBAHN ★

Eine Fahrt in einem der dampflokgezogenen Schmalspurzüge gehört zum Muss eines jeden Urlaubs im oberen Erzgebirge. Die Dampflokomotiven sind beliebtes Fotomotiv, der wohl Insider Tipp beste Fotostandort befindet sich unterhalb des 110 m langen und 23 m hohen Viadukts unmittelbar vor dem Bahnhof. Täglich führen einige Zugverbindungen einen bewirtschafteten Insider Tipp Buffetwagen mit 30 Plätzen mit. Platzbestellungen *Bahnhof Oberwiesenthal (Tel. 037348/15 10 | www.fichtelbergbahn.de)*. Die Fichtelbergbahn verkehrt auf der 17,3 km langen Strecke Cranzahl–Oberwiesenthal.

SKI- UND HEIMATMUSEUM

Interessante Stücke aus der über 100-jährigen Wintersportgeschichte am Fichtelberg, so auch die originale Skiausrüstung des Weltmeisters und Olympiasiegers Jens Weißflog. Vom vierfachen Weltmeister und dreifachen Olympiasieger in der Nordischen Kombination, Ulrich Wehling, sind die Ski ausgestellt. *Di–Fr 14–17, Sa, So 9–12 u. 13–17 Uhr | Karlsbader Str. 3*

WINTERSPORTANLAGEN

Packende Wettkämpfe in den nordischen Skidisziplinen gibt es in Oberwiesenthal in jedem Jahr. Ein Erlebnis ist es, den Meistern von heute und morgen beim Trainingsflug von den Schanzen zuzuschauen. Die alte Fichtelbergschanze lässt Weiten bis zu 85 m zu. Den internationalen Normen entspricht die neue Fichtelbergschanze, auf der Weiten um die 95 m erreicht werden. Die Anlaufgeschwindigkeit beträgt 90 km/h. Zum Schanzenkomplex gehören noch eine Kleinschanze und zwei Jugendschanzen.

Das Langlauf-Skistadion liegt an der Zufahrtsstraße zum Fichtelberg, die Biathlonstrecken mit ihrem Schießplatz fügen sich in das Skistadion ein. *www.fichtelberg-ski.de*

ESSEN & TRINKEN

GASTHAUS RIEDEL

Die Wirtin Uta Riedel hat sich den Kräutern verschrieben, was sich auf der Speisekarte widerspiegelt. Von Mai bis Oktober bietet sie geführte Insider Tipp Kräuterwanderungen an. *Annaberger Str. 82 | Tel. 037348/72 25 | www.pension-riedel.de | €€*

LOIPENKLAUSE

Solide Küchenleistung, freundlicher und korrekter Service. *Fichtelbergstr. 4 (im Hotel Sachsenbaude) | Tel. 037348/13 90* | €€

ZUM ALTEN BRAUHAUS

Speisen der Region und gutbürgerliche Küche. *Brauhausstr. 2 | Tel. 037348/86 88* | €€

ÜBERNACHTEN

BEST WESTERN HOTEL BIRKENHOF

Ein großes, aber sehr angenehmes Haus am Fuß des Fichtelbergs. *172 Zi. | Vierenstr. 18 | Tel. 037348/140 | Fax 144 44 | www.birkenhof.bestwestern.de* | €€

RELAXHOTEL SACHSENBAUDE

Stilvolles Haus mit 31 geschmackvoll eingerichteten Zimmern und Suiten sowie Wellnessbereich. *Fichtelbergstr. 4 | Tel. 037348/13 90 | Fax 13 91 40 | www.sachsenbaude.de* | €€€

ROTGIESSERHAUS

Historisches Hotel in zentraler, ruhiger Lage. Wer sich etwas Besonderes leisten möchte, bucht das Hochzeitszimmer „Anno 1700". *22 Zi. | Böhmische Str. 8 | Tel. 037348/13 10 | Fax 131 30 | www.rotgiesserhaus.de* | €

FREIZEIT & SPORT

Dank einer Beschneiungsanlage heißt es bereits ab November „Ski und Rodel gut". Die Anlage ist je nach Witterungsverhältnissen bei Bedarf bis April tätig. Rund um den Fichtelberg erschließen die Schwebebahn sowie zwei Sessel- und fünf Schlepplifte insgesamt etwa 8 km

Eigentlich schade, dass die Fahrt auf den Fichtelberg nur 4 Minuten dauert

präparierte Pisten auf elf verschiedenen Abfahrten. Auf Langläufer wartet ein gespurtes, 70 km langes Loipennetz. Die erste Schneedecke bildet sich auf dem Fichtelberg meist Mitte Oktober, oft schmilzt sie erst Mitte April.

Nach den Skistöcken kommen die Wanderstöcke zu Ehren: Fast 60 km lang sind die ausgeschilderten Wanderwege in der Umgebung.

Auf der 525 m langen *Sommerrodelbahn* können Sie durch neun Steilkurven zu Tal jagen (bei Nässe nicht) und im **Insider Tipp** *Hochseilgarten (www.hochseilgarten-oberwiesenthal.de)* beim Hotel Birkenhof über Baumstämme balancieren. Die *Hallenbäder* im Panorama-Ringhotel und im Hotel Am Fichtelberg stehen auch Nichthotelgästen gegen Gebühr offen. Eine Minigolfanlage befindet sich hinter der Tennishalle.

AUSKUNFT

TOURIST-INFORMATION

Bahnhofstr. 10 | 09484 Kurort Oberwiesenthal | Tel. 037348/12 80 | Fax 128 57 | www.oberwiesenthal.de

KURORT SEIFFEN

★ [112 C6] **Das Spielzeugmacherdorf des Erzgebirges. In Seiffen (2800 Ew.) riecht es das ganze Jahr über nach Holz, Leim und Farbe.** Zehntausende von Schwibbögen, Pyramiden und Lichterengeln sowie Räuchermännchen in jeder Gestalt verlassen jährlich die mehr als 100 kleinen Werkstätten. Allein über 50000 Nussknacker tragen jedes Jahr den Namen Seiffen in alle Welt. Nur hier im Tal des Seiffenbachs ist das Reifendrehen beheimatet. Seiffen, mit seiner langen Tradition im Schnitzen und Drechseln, prägt wesentlich das Bild vom „Weihnachtsland Erzgebirge".

SEHENSWERTES

SCHAUWERKSTATT DER TRADITIONELLEN HANDARBEITSTECHNIKEN

Es wird demonstriert, wie aus einem Stück Holz ein Räuchermännchen oder ein Nussknacker entsteht. Im Shop gibt es eine große Auswahl erzgebirgischer Volkskunst. *Tgl. 10–16 Uhr | Bahnhofstr. 12 | www.schauwerkstatt.de*

ERZGEBIRGISCHES FREILICHTMUSEUM

Im noch funktionstüchtigen Wasserkraft-Drehwerk (1758–60) zeigt man Ihnen die Kunst des Reifendrehens, in weiteren Häusern ist zu sehen, wie Stellmacher, Spankorbhersteller und andere Handwerker früher lebten und arbeiteten. *Tgl. 9–17 Uhr, Nov.–März witterungsbedingt 9–16 Uhr | Hauptstr. 203 | www.reifentier.de*

ERZGEBIRGISCHES SPIELZEUGMUSEUM

Pyramiden, Leuchter, Schwibbögen, Räuchermännchen und Nussknacker von einst und jetzt, hinzu kommt eine reichhaltige Kollektion an Erzeugnissen der Reifendreherei. *Tgl. 9–17 Uhr , im Dez. u. Jan. Weihnachtssonderschau | Hauptstr. 73 | www.spielzeugmuseum-seiffen.de*

HAUS DER MODELLEISENBAHN

Auf 450 m^2 Ausstellungsfläche rollen mindestens 25 Züge mit über 100 Waggons gleichzeitig. Es sind alle renommierten Hersteller von Modelleisenbahnen aller Spurbreiten vertreten. *Mo–Fr 13–16, Sa, So 11–17 Uhr | Bahnhofstr. 18b, neben der Sommerrodelbahn | www.seiroba.de*

ESSEN & TRINKEN

HOLZWURM

Urige Atmosphäre gegenüber dem Spielzeugmuseum. *Hauptstr. 71a | Tel. 037362/72 77 | €–€€*

SEIFFENER HOF

In ländlichem Flair werden erzgebirgische Spezialitäten nach Omas Rezepten serviert. *Hauptstr. 31 | Tel. 037362/130 | www.seiffener-hof.de | €€*

EINKAUFEN

In zahlreichen Spielzeugmacherwerkstätten können Sie von Montag bis Freitag Drechslern, Schnitzern und Malerinnen zuschauen und natürlich deren Erzeugnisse kaufen.

ÜBERNACHTEN

NUSSKNACKERBAUDE

Idyllisch und ruhig gelegen, gute Küche, Sauna. *30 Zi. | Nussknackerstr. 20 | Tel. 037362/790 | Fax 791 79 | www.nussknackerbaude.de | €*

WETTINER HÖHE

Ein Hotel, in dem die Aufforderung, „die Seele baumeln zu lassen", nicht überzogen wirkt, zumal es einen Wellnessbereich zum Entspannen gibt. *63 Zi. | Jahnstr. 23 | Tel. 037362/14 00 | Fax 141 40 | www.wettiner-hoehe.de | €€*

FREIZEIT & SPORT

Wenn es das Wetter zulässt, können Sie auf der 733 m langen Sommer-

Nur in Seiffen ist die traditionelle Kunst des Reifendrehens zu Hause

rodelbahn durch neun Kurven den Berg hinabsausen. *Im Sommer täglich, im Winter witterungsabhängig geöffnet*

Falls man mal eine ganz große Nuss zu knacken hat, fahre man nach Neuhausen

AUSKUNFT

TOURIST-INFORMATION

Hauptstr. 156 | 09548 Kurort Seiffen | Tel. 037362/84 36 | Fax 767 15 | www.seiffen.de

ZIELE IN DER UMGEBUNG

NEUHAUSEN [112 C5]

Im *Nussknacker-Museum* des 3400-Ew.-Ortes ist der mit 587 cm angeblich größte funktionstüchtige Nussknacker der Welt zu sehen. Der kleinste ausgestellte misst lediglich 4,9 mm. Er ist voll funktionsfähig, besitzt aber dennoch nur Schauwert: Es fehlt an Nüssen dieser Größe. *4 km nördlich von Seiffen, Mo–Fr 9–18 Uhr, Sa, So bis 17 Uhr | Bahnhofstr. 20 | www.nussknackermuseum-neuhausen.de*

Insider Tipp

OLBERNHAU [112 B5–6]

Auf dem größten der drei Zentner schweren Hämmer der *Saigerhütte Grünthal* soll sich 1711 Russlands Zar Peter I. bei einem Ritt vergnügt haben. Mit 22 historischen Bauten ist die 1537 gegründete Saigerhütte das einzig erhaltene Bauensemble der Buntmetallurgie in Europa. Grünthaler Dachkupfer ziert weit über 400 Profan- und Sakralbauten in mehreren Ländern, darunter die Dächer der Dome in Wien, Krakau und Magdeburg. Im *Seifert-Häuschen* ist die Lebensweise der Hüttenarbeiter zu sehen, im *Herrenhaus* sind Schauwerkstätten, u. a. für Drechseln und Klöppeln, vorhanden *(Di–Fr 10–12 u. 13–17, Sa, So 13–17 Uhr)*. Im *Kupferhammer* wird die Arbeit an den Hämmern vorgeführt *(Führungen März–Dez. Di–So 9.30–11.30 u. 13–16 Uhr. www.saigerhuette-olbernhau.de)*.

Ebenfalls auf dem 11 km westlich von Seiffen liegenden Terrain, in den Fachwerkbauten *Hüttenschänke* und *Haus des Anrichters,* entstand das *Hotel Saigerhütte* mit 31 Zimmern und einem gemütlichen Restaurant *(Olbernhau | In der Hütte | Tel. 037360/78 70 | Fax 787 50 | www.saigerhuette.de | €€€).*

MARIENBERG

[112 A6] **Eine ab 1521 auf dem Reißbrett konzipierte Stadt: in der Mitte der quadratische Marktplatz von 130 x 130 m, von dem an jeder Seite drei gleich breite und gleich lange Straßen abzweigen.** Die symmetrische Stadtanlage von Marienberg (12 000 Ew.) gilt als städtebauliche Kostbarkeit. Die prachtvolle *Stadtkirche St. Marien* ist die jüngste der großen Hallenkirchen im obersächsischen Gebiet (1558–64). Ausgangspunkt für die Stadtgründung war der Bergbau, der nach 435 Jahren 1954 endete. Auf der *Drei-Brüder-Höhe* ermöglicht ein 24 m hoher Aussichtsturm einen ausgezeichneten Rundblick.

SEHENSWERTES

BERGMAGAZIN

In einem ausgedienten, sanierten Getreidespeicher fand das Museum Sächsisch-böhmisches Erzgebirge sein Domizil. *Di–So 10–17 Uhr | Am Kaiserteich*

PFERDEGÖPEL

Auf dem Rudolphschacht kann man alten Bergbau neu erleben. Interessant sind die Vorführungen mit Pferden. Insider Tipp *April–Okt. Di–So 10–17, Führungen mit Pferd Sa, So 14 u. 15.30; Nov.–März Di–So 10–16, Führungen mit Pferd Sa, So 13.30 u. 15 Uhr | Lautaer Hauptstr. 12, an der B 174*

> BLOGS & PODCASTS

Gute Tagebücher und Files im Internet

- > *www.erzgebirge-blog.de* Noch im Aufbau befindliches Blog über alles, was im Erzgebirge passiert
- > *www.erzgebirge-web.de* – Neuigkeiten, Infos, Brauchtum, Fakten, Personen, Namen – mit Blog
- > *www.mein-erzgebirge-urlaub.de* – Nett zu lesendes Blog nicht nur über einen Urlaub im Erzgebirge, sondern über alle möglichen Themen, die das Erzgebirge betreffen
- > *www.chemnitz-blog.de* – Nicht nur Diskussionsseite für Chemnitzer, auch Besucher finden hier eine Vielzahl an Informationen darüber, was die Stadt bewegt
- > *www.mdr.de/mdr1-radio-sachsen/podcast/reisetip* – Jeden Mittwoch Vormittag um 11.17 Uhr gibt es einen Reisetipp, der danach auch als Podcast zur Verfügung steht
- > *www.mdr.de* – Die beliebte Talkrunde „Riverboat" *(www.mdr.de/riverboat/podcast)* mit Jörg Kachelmann und Jan Hofer, in der natürlich auch erzgebirgische Themen erörtert werden, kann als Podcast heruntergeladen werden. Über Geschichten, die das Leben schreibt, berichten Axel Bulthaupt und Ulrike Nitzschke in „Unter uns" *(www.mdr.de/unter-uns/podcast)*

Für den Inhalt der Blogs & Podcasts übernimmt die MARCO POLO Redaktion keine Verantwortung.

ESSEN & TRINKEN

ROSSTUNNEL

Wer das Rustikale liebt, fühlt sich in dem alten Gewölbe garantiert wohl. *Annaberger Str. 12 (im Hotel Weißes Roß) | Tel. 03735/680 00 | €*

ÜBERNACHTEN

BERGHOTEL DREI BRÜDER HÖHE

Mitten im Wald in ruhiger Lage, nördlich der B 171 in Richtung Wolkenstein (Hinweisschild an der Straße). *37 Zi. | Tel. 03735/60 00 | Fax 600 50 | www.drei-brueder-hoehe.de | €*

FREIZEIT & SPORT

Mit einem Wellenbecken, Strömungskanal und Riesenrutsche wartet Sachsens größtes Erlebnisbad *Aqua Marien (tgl. | Am Lautengrund 5 | www.aquamarien.de)* auf. Im *Sport & Freizeitcenter Marienberg (Am Lautengrund 6 | www.marena-tennis.de)* können Sie Tennis, Squash, Bowling und Badminton spielen.

>LOW BUDGET

> Kostenlos zugänglich ist das *Wildgehege am Pöhlberg* in *Annaberg-Buchholz,* in dem unter anderem Luchse, Füchse und andere Kleinraubtiere zu sehen sind. Ebenfalls keinen Eintritt verlangt das *Wildgehege* in *Gelenau (www.gelenau.de).*

> Geld für Besichtigungen spart, wer sich z. B. auf der *Burg Scharfenstein* die Schlössertourkarte für 18 Euro kauft. Insgesamt kann man damit an sieben aufeinanderfolgenden Tagen 33 Schlösser in Sachsen kostenlos besichtigen. Wer nur die sechs Schlösser im Erzgebirge besucht, spart bereits 9 Euro. *www.schloesserland-sachsen.de*

AUSKUNFT

GÄSTE-INFORMATION

Am Frischen Brunnen 1 | 09496 Marienberg | Tel. 03735/905 14 | Fax 905 65 | www.marienberg.de

ZIELE IN DER UMGEBUNG

LENGEFELD [112 A5]

Das älteste und besterhaltene Kalkwerk im Erzgebirge, das noch produziert. Zum *Technischen Museum* von Lengefeld (5000 Ew., 10 km nördlich von Marienberg) gehören u. a. vier pyramidenförmige Brennöfen aus dem 19. Jh. *Mi–So 10–17 Uhr | www.knappen-lengefeld.de*

POBERSHAU [112 A6]

Um 1525 trieben Bergleute den Stollen in den Berg, der als Schaubergwerk „Tiefer Molchner Stolln“ seit Jahrzehnten Besucher in das 6 km südlich von Marienberg gelegene Pobershau (2100 Ew.) lockt *(45-minütige Führungen tgl. 9–16 Uhr | Amtsseite Dorfstr. 67).* Etwa 70 m über der Schwarzen Pockau erhebt sich der imposante *Katzenstein,* ein beliebter Aussichtsfelsen für Rundblicke. *www.pobershau.de.*

Im Ortsteil Hinterer Grund liegt das *Flair-Hotel Schwarzbeerschänke* mit einer im Regionalstil eingerichteten Gaststätte, Hallenbad und 29 Zimmern *(Hinterer Grund 2 | Tel. 03735/919 10 | Fax 91 91 99 | www.schwarzbeerschaenke.de | €–€€).* Etwas Besonderes ist eine ungefähr

Insider Tipp anderthalbstündige Wanderung mit liebenswerten Lamas. Möglich wird das auf der *Lama-Ranch (Hinterer Grund 17a | im Feriendorf Schwarzwassertal | Tel. 03735/235 86 | www.lama-ranch.de).*

SCHARFENSTEIN [117 D1]

Zu den schönsten Burgen Sachsens gehört die von Scharfenstein, dem Geburts- und Sterbeort Karl Stülpners (1100 Ew., 12 km nordwestlich von Marienberg). Der „Sohn der Wälder", der das Bauwerk hoch über dem Zschopautal 1795 belagert hatte, hat deshalb in der Burg auch eine Ausstellung bekommen.

Über 5000 Exponate von faszinierender Schönheit und Seltenheit zeigt das *Spielzeug- und Weihnachtsmuseum* im Wohnflügel des Schlosses. Besuchen dürfen Sie auch das Tonnengewölbe im Keller und den 700 Jahre alten, 17 m hohen Bergfried. *April–Okt. Di–So 10–18 Uhr, Nov.–März Di–So 10–17 Uhr | www.die-sehenswerten-drei.de*

Produktionsstätte und Museum zugleich: das Kalkwerk in Lengefeld

WOLKENSTEIN [117 E2]

Direkt am Bahnhof und unterhalb des hübschen Schlosses des 5 km westlich von Marienberg liegenden Ortes (4300 Ew.) steht das *Wolkensteiner Zughotel.* Insider Tipp Es besteht aus drei ausgedienten Speisewagen, zwei Erste-Klasse- und einem Zweite-Klasse-Schlafwagen sowie einem Konferenzwagen, einem einst rollenden Arbeitssalon aus dem DDR-Regierungszug. *62 Betten | Tel. 037369/58 21 | www.wolkensteiner-zughotel.de | €*

> SPANNENDE ERLEBNISSE UNTER TAGE

Schaubergwerke mit kilometerlangen Stollen geben Einblick in bergbauliche Traditionen

> Tagelang können Sie auf den Spuren historischer Bergbautraditionen wandern – im westlichen Erzgebirge finden Sie die Reste einst florierender Bergwerke in besonderer Dichte. Nicht wenige der Schächte stehen Besuchern offen und sorgen oft für kribbelnde Erlebnisse.

In *Pöhla* beispielsweise wird eine 3 km lange Zugfahrt unter Tage angeboten, die zu den größten Zinnkammern Europas führt. Wem das nicht ganz geheuer ist, der sollte Waschleithe als Ziel wählen, dort geht es nur 250 Stufen in den Berg. Wieder am Tageslicht, bieten sich die bewaldeten Bergrücken zum Wandern an. Auf einigen Bergen stehen Aussichtstürme, von denen sich weite Blicke bieten. Oder Sie schauen in die aufschlussreichen Museen der alten Bergstädte Schneeberg, Schwarzenberg und Aue, um zu entdecken, was die Bergleute in ihrer Freizeit an schönen Gegenständen schnitzten.

Bild: Besucherbergwerk Pöhla

WEST ERZGEBIRGE

JOHANNGEORGENSTADT

[116 B4] Das aus sieben Stadtteilen bestehende Städtchen (6000 Ew.) ist benannt nach Kurfürst Johann Georg I. Johanngeorgenstadt war bis zum Zweiten Weltkrieg ein anerkannter Wintersport- und Ferienort. Diesen Ruf wiederzuerlangen, bemüht sich die Stadt seit der Einheit Deutschlands mit Erfolg. 1929 entstand hier für die Skispringer die erste deutsche Großschanze, die 1962 durch die Erzgebirgsschanze ersetzt wurde. Zur Tschechischen Republik besteht ein Grenzübergang für Fußgänger und Radfahrer sowie einer für die Eisenbahn.

SEHENSWERTES

HISTORISCHER PFERDEGÖPEL

Ein bergbautechnisches Denkmal: Zwölf Mal mussten zwei Pferde eine

8,5 m hohe Spindel um ihre Achse drehen, um 0,5 t Gestein aus 140 m Tiefe zu fördern. Der 1798 erbaute Pferdegöpel der Neu-Leipziger-Glück-Fundgrube wurde 1992 rekonstruiert. *Führungen Di–So 10, 11, 13, 14, 15 und 16 Uhr, davon mit Pferden 13–16 Uhr (außer Fr) | Schwefelwerkstraße/Ecke Auenstraße | www.pferdegoepel.de*

Göpel, hier ein Pferdegöpel, sind Teil althergebrachter Fördertechnik

NATURSCHUTZGEBIET KLEINER KRANICHSEE

29 ha großes Hochmoor 2 km südwestlich der Stadt. Über das Moor, durch das die Landesgrenze zur Tschechischen Republik verläuft, führt ein Knüppeldamm, der an einem hölzernen Aussichtsturm endet. Besonders schön ist der Anblick im April/Mai, wenn das Wollgras blüht.

SCHAUBERGWERK GLÖCK'L

Im Dachreiter der Kaue des Unverhofft-Glück-Schachtes, in dem von 1671 bis 1958 gefördert wurde, hängt eine geschnitzte Glocke. Sie verhalf dem heutigen Schaubergwerk zu seinem Namen. Zu ebener Erde führt der Weg in den 200 m langen Stollen. *Di–Fr Führungen 9, 10.30, 12, 13.30 u. 15 Uhr, Sa, So ab 10.30 Uhr | Wittigsthaler Str. | www.frisch-glueck.de*

ESSEN & TRINKEN ÜBERNACHTEN

STEINBACH

Gemütliches Haus mit 15 Zimmern; in der Gaststätte schmecken die Gerichte der erzgebirgisch-vogtländischen Küche. *Steinbach 22 | Tel. 03773/88 22 28 | Fax 881 97 69 | www.gasthof-steinbach.de* | €

FREIZEIT & SPORT

In Johanngeorgenstadt beginnt bzw. endet die 36 km lange, mit blauen Schildern markierte *Kammloipe (www.kammloipe.de)*. Dazu kommen weitere 30 km Loipen in der Umgebung sowie ein Skilift und das Natureisstadion. Die 1220 m lange Roller- und Skatingstrecke am Loipenhaus sowie das Kletterzentrum bereiten sportliches Vergnügen. Der 6 km lange *Bergbaulehrpfad* führt vom Bahnhof zum Pferdegöpel.

AUSKUNFT

FREMDENVERKEHRSAMT

Eibenstocker Str. 67 | 08349 Johanngeorgenstadt | Tel. 03773/88 82 22 | Fax 88 82 80 | www.johanngeorgenstadt.de

ZIELE IN DER UMGEBUNG

AUERSBERG ★ [116 B4]

Mit 1019 m ist er der zweithöchste Berg des sächsischen Erzgebirges und ein schneesicheres Wintersportgebiet. Vom 18 m hohen Aussichtsturm auf dem mit Fichten bewaldeten Berg haben Sie bei schönem Wetter einen herrlichen Rundblick. Am Fuß des Auersberges erwarten das Hotel *Alte Schleiferei (€)* und *Kunos Braugasthof (€–€€)* ihre Gäste *(38 Zi. | Schulstr. 8 | Breitenbrunn, OT Erlabrunn | Tel. 03773/880 50 | Fax 88 05 42 | www.hotel-alteschleiferei.de)*.

EIBENSTOCK [116 A3]

Das *Touristenzentrum Am Adlerfelsen*, 16 km nordwestlich von Johanngeorgenstadt, wartet mit einer Allwetter-Bobbahn auf: 1000 m Fahrspaß, drei Jumps und neun Steilkurven. Im ▶▶ *Snow Fun Park* vollführen wagemutige Boarder ihre Sprünge. Der Irrgarten daneben ist 1200 m² groß, im Streichelzoo leben Esel, Zwergziegen, Ponys und Hängebauchschweine *(www.bobbahn-eibenstock.de)*. Im *Stickerei-Museum* sind historische Stickmaschinen in Funktion zu erleben *(Di–So 10–12 u. 13–17 Uhr | Bürgermeister-Hesse-Str. 7–9 | www.stickereimuseum.de)*.

Badevergnügen, eine Saunareise um die Welt von Russland bis Japan, Massagen, Ayurveda bieten die täglich geöffneten *Badegärten Eibenstock (Am Bühl 3 | www.badegaerten.de)*. Angenehm wohnt man im Hotel *Ratskeller*, wo der Chef selbst kocht *(23 Zi. | Schönheider Str. 9 |*

Insider Tipp

MARCO POLO HIGHLIGHTS

★ Museum für bergmännische Volkskunst
Schnitzereien, mechanische Heimatberge, Klöppelarbeiten (Seite 67)

★ Besucherbergwerk Pöhla
Europas größte Zinnkammern (Seite 72)

★ Auersberg
Einzigartiger Rundblick aus 1037 m Höhe (Seite 65)

★ Waschleithe
Das Erzgebirge in Miniaturausgabe und ein Schaubergwerk (Seite 73)

Tel. 037752/678 90 | Fax 67 89 50 | www.ratskeller-eibenstock.de | €–€€).

SCHNEEBERG

[116 B2–3] „Weihnachtsstadt des Erzgebirges" wird Schneeberg (17 700 Ew.) gern genannt. Und gerade zur Adventszeit ist die Stadt besonders sehenswert,

Die Schneeberger Turmbläser – im Hintergrund die alles überragende St.-Wolfgangskirche

denn dann ist sie festlich geschmückt, den Markt ziert eine 11,80 m hohe Pyramide, Turmblasen, Lichtelfest und Weihnachtsmarkt locken Gäste herbei. Viele bergbauliche Denkmäler erinnern an die große Zeit des Silberbergbaus im Mittelalter, ohne den sich Schneeberg die berühmte *St.-Wolfgangs-Kirche* nicht hätte leisten können. Die Altstadt, wie sie heute vorzufinden ist, entstand planmäßig 1719–25 nach einem Brand.

SEHENSWERTES

BERGBAULEHRPFAD

Zwölf bergbauliche Denkmäler können Sie entlang dieses 8 km langen Lehrpfades erkunden. Er beginnt am Siebenschlehener Pochwerk und endet am Filzteich. *Geführte Wanderung (4–5 Std.) Mai–Anfang Okt. Sa 10.30 Uhr, zu anderen Zeiten Anmeldung über Tourist-Information*

Insider Tipp

MARKTPLATZ

Ein im Erzgebirge einmaliges Ensemble im Stil des Hochbarocks. Das *Rathaus* an der Nordseite des Platzes bekam sein heutiges Aussehen allerdings erst 1851/52. Über dem Portal erzählt ein Sandsteinrelief die Geschichte vom ersten Silberfund. Wer nicht in das Treppenhaus schaut, dem entgehen dessen Jugendstil-Schmuck und die prächtige Kassettendecke.

MUSEUM FÜR BERGMÄNNISCHE VOLKSKUNST ★

Bunte Schnitzereien, filigrane Klöppelarbeiten und mechanische Heimatberge. Das Museum befindet sich im *Bortenreuther-Haus* von 1725, dem schönsten Bürgerhaus des Ortes. *Di–Do, Sa, So 9.30–17, Fr 13–17 Uhr | Obere Zobelgasse 1*

SIEBENSCHLEHENER POCHWERK

Das Pochwerk, heute ein technisches Museum, ist die letzte noch erhaltene und funktionstüchtige Kobalterz-Aufbereitungsanlage im Westerzgebirge. 1753 wurde sie erbaut. Die Fundgrube, eine Bergbauanlage des 19. Jhs., ist nun ein Besucherbergwerk. *Führungen Mai–Anfang Okt. Sa 9.30 Uhr und tgl. nach Anmeldung unter Tel. 037721/226 36 | Lindenauer Str. 22, OT Neustädtel*

ST.-WOLFGANGSKIRCHE

Mit 60 m Länge, 27 m Breite und 20 m Höhe die größte protestantische Kirche Sachsens. Von welcher Seite man sich Schneeberg auch nähert, immer wird das Stadtbild von der Kirche beherrscht. *www.st-wolfgang-schneeberg.de*

ESSEN & TRINKEN ÜBERNACHTEN

BERGHOTEL STEIGER

Familiengeführtes, elegant-rustikales Hotel, kinderfreundlich, Whirlpool, Sauna, Solarium. Mit gutem Restaurant. *33 Zi. | Am Mühlberg | Tel. 03772/394 90 | Fax 39 49 69 | www.berghotel-steiger.de* | €€

BÜTTNER

Kleines Hotel mit viel Charme. Das Feinschmecker-Restaurant *(Mo, Di geschl. | €€€)* zählt zu den besten gastronomischen Adressen im ganzen Erzgebirge. *12 Zi. | Markt 3 | Tel. 03772/35 30 | Fax 35 32 00 | www.hotel-buettner.de* | €€

FREIZEIT & SPORT

Der *Bergsee Filzteich* ist das größte Freizeitzentrum des Westerzgebirges. An Sommertagen tummeln sich hier Hunderte auf der Liegewiese und im Wasser, surfen und rudern. Der 23 ha große Filzteich entstand bereits 1483–85 als erster Stausee

> LOW BUDGET

> Die *Erzgebirgs-Card* verschafft in rund 100 Einrichtungen freien oder stark ermäßigten Eintritt, so z. B. in die Badegärten in Eibenstock oder ins Schaubergwerk Glöck'l in Johanngeorgenstadt Die Karte kostet für 48 Stunden 22 Euro, für vier frei wählbare Tage innerhalb von 14 Tagen 33 Euro *(Tel. 03733/18 80 00 | www.erzgebirgscard.com)*.

> Kostenlos sind die weiten Blicke von den Aussichtstürmen auf dem Gleesberg und der Morgenleithe sowie vom Aussichtsturm im Naturschutzgebiet Kleiner Kranichsee bei Johanngeorgenstadt. Wer vom Keilbergturm und dem Turm auf dem Auersberg die Aussicht genießen möchte, zahlt nur 1 Euro.

Sachsens, das Wasser diente früher dem Betrieb bergbaulicher Anlagen.

AM ABEND

Das *Kulturzentrum Goldne Sonne* hat Theater und Konzerte wie Jazzveranstaltungen im Programm. *Fürstenplatz 5 | www.goldne-sonne.de*

Denkmal für einen Hartensteiner: Paul Fleming war Arzt und Dichter

AUSKUNFT

TOURIST-INFORMATION

Markt 1 | 08289 Schneeberg | Tel. 03772/203 14 | Fax 223 47 | www.schneeberg.de

ZIELE IN DER UMGEBUNG

AUE [116 B2]

Von der Industrie geprägte Stadt (19200 Ew.), 7 km östlich von Schneeberg, die nach dem Zweiten Weltkrieg Zentrum des Uranerzbergbaus war. Das *Stadtmuseum* informiert ausführlich über die Geschichte des Auer Erzbergbaus, ein unter dem Huthaus liegender Stollen demonstriert Methoden des Abbaus *(Di–Fr 10–12 u. 13–18, Sa 10–18, So 13–18 Uhr | Bergfreiheit 1 | www.aue.de).* Im Zentrum gelegen: *Hotel Blauer Engel* mit Sauna, Solarium, Kegelbahn und anspruchsvoller Küche *(49 Zi., Altmarkt 1 | Tel. 03771/59 20 | Fax 231 73 | www.hotel-blauerengel.de | €€).*

GLEESBERG [116 A2]

Einen schöneren Blick auf Schneeberg als vom Dr.-Köhler-Aussichtsturm auf dem Gleesberg (594 m) bekommen Sie nirgendwo geboten. In der *Berggaststätte* erhalten Sie leckere regionale Gerichte *(Tel. 03772/224 53 | €).* Anfahrt: Im Stadtteil Neustädtel von der Kobaltstraße in die östlich abzweigende Gleesbergstraße fahren.

HARTENSTEIN [116 B2]

Auf dem Marktplatz steht das Denkmal für den in Hartenstein geborenen Barockdichter und Arzt Paul Fleming (1609–40), dem auch das *Museum für erzgebirgische Feudalgeschichte* in der Burg Stein eine besondere Abteilung widmet *(Führungen Dez., Feb., März Di–Do, Sa, So 10, 11, 13, 14, 15 Uhr, April–Okt. auch 16 Uhr | www.burg-stein.de).* Südlich von Hartenstein (5200 Ew., 21 km nordöstlich von Schneeberg), liegt die *Prinzenhöhle,* ein alter Bergbaustollen. Dort wurde 1455 Prinz Ernst versteckt. Der Ritter Kunz von Kauffungen hatte die Söhne des sächsischen Kurfürsten, Ernst und Albrecht, aus dem Altenburger Schloss entführen lassen, um seinen Landesherrn zu erpressen. Dies kostete den Ritter das Leben. Er wurde auf dem Freiberger Marktplatz enthauptet. Der Weg zur Prinzenhöhle ist ausgeschildert. *www.stadt-hartenstein.de*

In wunderbar romantischem Erzgebirgsambiente wohnen Sie in den im edlen Landhausstil eingerichteten 32 Zimmern und Suiten des Hotels *Jagdhaus Waldidyll (Talstr. 1 | Tel. 037605/840 | Fax 844 44 | www.romantikhotel-waldidyll.de* | €€€*).*

BAD SCHLEMA **[116 B2]**

Seit der Einheit Deutschlands erlebt Schlema, das 3 km westlich von Schneeberg liegt, seine Wiedergeburt als Kurort. Der Kurpark sowie das Kurmittelhaus mit einer Saunalandschaft und dem täglich geöffneten *Gesundheitsbad Actinon (Richard-Friedrich-Boulevard 7)* sind neu entstanden. Vor dem Zweiten Weltkrieg besaß Oberschlema die stärksten Radiumquellen der Welt. „Zu uns sind Patienten mit dem Rollstuhl gekommen und mit dem Fahrrad heimgefahren", erzählt man sich noch heute. Der Kurbetrieb mit Gästen aus aller Welt endete 1946: 300 Häuser und alle Kureinrichtungen mussten dem Uranbergbau der Russen weichen. Ruhe und Entspannung finden Sie in den 42 Zimmern des *Hotels Am Kurhaus* mit Ayurveda Center *(Richard-Friedrich-Str. 16 | Tel. 03772/371 70 | Fax 371 71 70 | www.am-kurhaus.com* | €€–€€€*).*

Im *Kulturhaus Aktivist (Bergstr. 22)* dokumentiert das *Museum Uranbergbau (Di–Fr 9–17, Sa, So 10–16 Uhr)* den einst in großem Stil betriebenen Bergbau der Wismut, die insgesamt 240 000 t Uran förderte. Im Freigelände ist schwere Grubentechnik zu sehen. *www.kurort-schlema.de*

> VON BEMM BIS TITSCHN

Damit Sie die Einheimischen verstehen

Bemm – zusammengeklappte Brotschnitte mit Belag
Blembe – dünner Kaffee, dünne Suppe
Bobl – kleiner Junge
Dibbl – eine große Tasse
Drehml – kräftiger, ungeschickter Mann
Geleucht – unter Tage verwendete Lampen
Gequark – unsinniges Gerede
Gezähe – Werkzeuge des Bergmanns
fichelant – für einen aufgeweckten, klugen Menschen
Hunt – untertägiger Förderwagen
Huthaus – Gebäude zum Aufbewahren des Gezähs
Knappe – Bergmann
Lappsack – jemand, der Unsinn erzählt
Latscherle – ein kurzer Schwatz
Mei Kitschl – liebevoll für „mein Auto"
Schrabnell – unangenehme Frau
Schwamme – Pilze
Steiger – Aufsichtsbeamter unter Tage
titschn – Brot oder Kuchen in Kaffee eintauchen

SCHWARZEN-BERG

[116 C3] Im Mai und Juni 1945 war Schwarzenberg (19 600 Ew.) für sechs Wochen eine Art freie Republik, Niemandsland – die Alliierten hatten am Ende des Zweiten Weltkriegs vergessen, den Landkreis Schwarzenberg zu besetzen. Die Altstadt entstand auf einem Felsmassiv. Als dort kein Platz mehr war, begannen die Schwarzenberger, die sieben Hügel der Umgebung und das Tal des Schwarzwassers zu besiedeln. Die Höhenunterschiede in der Stadt betragen bis zu 170 m, ein bisschen Kondition sollten Sie für die Besichtigungstour also schon mitbringen.

Ein *Glockenspiel* aus 37 Meißner Glocken erklingt von April bis Anfang Januar immer um 9, 11, 14 und 17 Uhr am Springbrunnen zwischen Oberer und Unterer Schlossgasse. Zur Weihnachtszeit dreht sich gegenüber dem Postamt eine 7 m hohe Pyramide. Am Aussichtspunkt *Totensteinkanzel* soll, so berichtet die Schwarzenberger Legende, der Kampf des St. Georg mit dem Lindwurm stattgefunden haben.

SEHENSWERTES

MUSEUM SCHLOSS SCHWARZENBERG

Hier befinden sich die größte Klöppelspitzen-Sammlung im Erzgebirge sowie Exponate – inklusive niedlicher Miniaturwerkstätten – zum Bergbau, zur Eisen- und Zinnverarbeitung. Steigen Sie auch auf den Schlossturm, der Blick lohnt! *Di–So 10.30–16.30 Uhr | Obere Schlossstraße (im Schloss)*

ST.-GEORGEN-KIRCHE

Die am reichsten ausgestattete protestantische Barockkirche des Erzgebirges. Ihre Innenausstattung stammt überwiegend aus der Erbauungszeit 1690–93. Den Kirchenraum überspannt eine freitragende Decke. Die Orgel von 1993 besitzt 2326 klingende Pfeifen.

ESSEN & TRINKEN

BERGGASTSTÄTTE MORGENLEITHE

In der gemütlichen Gaststätte auf dem 814 m hohen Berg Morgenleithe serviert Wirt Frank Seidel erzgebirgische Küche. Vom dazugehörigen 18 m hohen Aussichtsturm haben Sie einen weiten Blick. *Mit Auto über Schwarzenberg-Jägerhaus zu erreichen | Tel. 03771/25 66 68 | www.berggaststaette-morgenleithe.de* | €

LANDGASTHOF NEITSCH

Typisch deftige regionale Gerichte im Ortsteil Grünstädtel. *Alte Bahnhofstr. 7 | Tel. 03774/860 35 | www.landgasthof-neitsch.de* | €€

ÜBERNACHTEN

AM HOHEN HAHN

3 km von Schwarzenberg entferntes Ferienhotel mit Tennisplätzen, Wellness- und Beautycenter. *41 Zi. | Gemeindestr. 92 | Bermsgrün | Tel. 03774/13 10 | Fax 13 11 50 | www.hotel-am-hohen-hahn.de* | €€

NEUSTÄDTER HOF

Auch anspruchsvolle Gäste werden in dem traditionsreichen, modernisierten Haus zufriedengestellt. *75 Zi. | Grünhainer Str. 24 | Tel. 03774/12 50 | Fax 12 55 00 | www.neustaedterhof.de* | €€

PARKHOTEL
Ruhige Lage mit einzigartigem Blick auf die Stadt. *19 Zi. | Klempnerweg 13 | Tel. 03774/257 08 | Fax 256 18 | www.parkhotel-schwarzenberg.de | €*

AUSKUNFT

SCHWARZENBERG-INFORMATION
Oberes Tor 5 | 08340 Schwarzenberg | Tel. 03774/26 69 15 | Fax 225 40 | www.schwarzenberg.de

Hoch über Schwarzenberg erhebt sich die barocke St.-Georgen-Kirche

AM ABEND

Urig ist der Szenetreff ▶▶ *Kunst und Kneipe* in der historischen Altstadt. Er besteht aus drei Einrichtungen: *Café Piano, Weinkeller zum Drachen* und *Galerie Silberstein (Obere Schlossstr. 5 | Tel. 03774/ 224 98 | www.kunst-und-kneipe.de | €).*

Die *Waldbühne Schwarzenberg,* eine Freilichtbühne mit mehr als 15000 Plätzen, wartet im Sommer mit vielseitigem Programm auf. *www.waldbuehne-schwarzenberg.de*

ZIELE IN DER UMGEBUNG

BOCKAU **[116 B3]**
Der Ort (2700 Ew.) in einer lang gestreckten Talmulde, 12 km südwestlich von Schwarzenberg, besitzt das erste sächsische *Spirituosenmuseum.* In ihm wird erläutert, wie der Bockauer Kräuterlikör entsteht. In der *Wurzelstube* können Sie ihn probieren und auch gleich für zu Hause mitnehmen. Die Zusammensetzung ist geheim, Nachfragen werden nur mit einem freundlichen Lächeln beant-

wortet. *Mo–Fr 10–16, Sa, So 13–17 Uhr | Zechenhausweg 1 | www.bockauer-likoer.de*

DORFCHEMNITZ **[116 C1]**

Das *Museum* des 17 km nördlich von Schwarzenberg gelegenen Dorfes trägt den unfreundlichen Namen „Knochenstampfe", da in dem Gebäude in der Tat Knochen zu Mehl zerstampft wurden, das als Düngemittel Verwendung fand. Zu sehen gibt es im Museum aber noch weit mehr: heimische Schnitzarbeiten, Klöppelerzeugnisse, eine Strumpfwirkerstube und einen wirklich wunderschönen Weihnachtsberg im orientalischen Stil. *Mi–Sa 10–12 u. 13–17, So 12–17 Uhr | Am Anger 1*

Insider Tipp

PÖHLA **[116 C3]**

Ein besonderes Erlebnis bietet das ★ *Besucherbergwerk Pöhla:* Nach einer 3 km langen untertägigen Zugfahrt im Mannschaftstransportwagen werden Europas größte Zinnkammern erreicht. 12 m hoch und 45 m lang sind die Gewölbe, die auch den imponierenden Rahmen für akustisch glanzvolle Konzerte bilden. Bei Pöhla (1400 Ew.), 12 km südöstlich von Schwarzenberg, wurde vom 17. bis zum 20. Jh. nach Zinn, Eisen, Silber, Blei, Kupfer und Uran gegraben. *Führungen (Dauer 3 Std., Mindestalter 10 Jahre, Umhang und Geleucht werden gestellt) tgl. 10 u. 14 Uhr | Luchsbachtal | Tel./Fax 03774/ 810 79 | www.zinnkammern.de*

Insider Tipp

RITTERSGRÜN **[116 C4]**

Das Bahnhofsgelände in Rittersgrün (1900 Ew.), 13 km südöstlich von Schwarzenberg, wurde zum *Sächsischen Schmalspurbahn-Museum.* Hier können Sie Dampflokomotiven, Wagen sowie das Bahnhofsambiente aus der Zeit um 1900 bewundern. Die Eintrittskarte lösen Sie an einem historischen Fahrkartenschalter. Im Freigelände stehen typische Anlagen wie Wasser- und Kohlekran sowie

Schloss Augustusburg in 40-facher Verkleinerung: Heimatecke Waschleithe

Signale. Im Jahr 1889 dampfte zum ersten Mal eine Kleinbahn von Grünstädtel in das 9,4 km entfernte Oberrittersgrün, am 25. September 1971 fuhr der letzte Zug in den Bahnhof ein. *April–Okt. Di–So 10–17 Uhr, Nov.–März Di–So 10–16 Uhr | www.schmalspurmuseum.de*

Von Wäldern umgeben ist das Landhotel Rittersgrün mit 28 Zimmern und kleinem Wellnessbereich. Regionale, deftige Küche. *Karlsbader Str. 23 | Breitenbrunn, OT Rittersgrün | Tel. 037757/18 80 | Fax 18 81 99 | www.landhotel-rittersgruen.de | €€*

THALHEIM [116 C1]

Badeerlebnisse beschert das *Erzgebirgsbad* mit Strömungskanal, Nackenduschen, Solebecken, einer 68 m langen Rutsche und vielem mehr. *Tgl. | Stadtbadstr. 14 | 19 km nördlich von Schwarzenberg*

WASCHLEITHE ★ [116 C3]

Das Erzgebirge in Miniaturausgabe zeigt die Schauanlage *Heimatecke am Seifenbach* nahe dem nördlichen Dorfausgang. Im Maßstab 1:40 sind in dem 4 km von Schwarzenberg entfernten Örtchen detailgetreu rund sechzig bedeutende Bauwerke aus dem Erzgebirge zu sehen. Bewegliche Szenen geben einen Einblick in den Alltag früherer Zeiten. *Mai–Okt. tgl. 9–18 Uhr*

Am Fürstenberg können Sie das *Lehr- und Schaubergwerk Herkules-Frisch-Glück* besichtigen. Der Einstieg in den 500 m langen Stollen in etwa 80 m Tiefe erfolgt über 250 Stufen. Von 1705 bis 1921 wurden in der Grube Eisen und Marmor abgebaut. *(1-Std.-Führungen, Mindestalter 4 Jahre, stdl. Di–So April–Okt. 10–16, Nov.–März 11–15 Uhr)*. Interesse erweckt stets die Ruine beim Parkplatz: Es ist die *St.-Oswalds-Kirche* (im Volksmund Dudelskirche genannt), die einstige Wallfahrtskapelle des Klosters Grünhain, die nach der Reformation verfiel.

Ein Restaurant, in dem vorbildlich zubereitete und angerichtete Speisen der regionalen und der französischen Küche serviert werden, befindet sich in der *Villa Theodor*, einer Industriellenvilla aus dem Jahr 1923 mit 10 netten Zimmern *(Frankstr. 27 | Tel./Fax 03774/150 20 | www.villa-theodor.de | €€)*. In der Nähe liegt das *Landhotel Osterlamm (25 Zi. | Talstr. 25 | Tel. 03774/200 65 | Fax 222 43 | www.hotel-osterlamm.de | €)*.

Vom König-Albert-Turm auf dem nordwestlich liegenden *Spiegelberg* (726 m) bietet sich bei guter Sicht ein beeindruckender Panoramablick über den gesamten Westerzgebirgskamm.

ZWÖNITZ [116 C2]

Bis 1973 war die Papiermühle der Stadt (12 000 Ew., 11 km nördlich von Schwarzenberg) in Betrieb, in der bis ins 19. Jh. Büttenpapier handgeschöpft wurde. Heute erwartet die Mühle mit ihren noch funktionstüchtigen Maschinen und Anlagen als *Technisches Museum Papiermühle* Besucher *(Mi–Sa 10–12 u. 13–17 Uhr, So 12–17 Uhr | Köhlerberg 1 | www.zwoenitz.de)*. Gemütlich sitzen Sie in der erzgebirgischen Hutzenstube des *Hotels Roß (21 Zi. | Markt 1 | Tel. 037754/22 52 | Fax 775 33 | www.hotelross-erzgebirge.de | €)*.

> SANFTE HÖHEN, LIEBLICHE TÄLER

Über das „achte Weltwunder" in den klingenden Musik- und stillen Bäderwinkel reisen

> Die sanftwellige Landschaft hält manche Perle bereit: im thüringischen Teil den *Landschaftspark von Greiz* mit einem eigenwillig geformten See und im sächsischen die *Vogtländische Schweiz* mit den Tälern der Weißen Elster und der Trieb.

Flüsse und Bäche haben sich im Vogtland meist tief in die Täler eingeschnitten, gewaltige Brücken waren erforderlich, sie zu überspannen. Zwischen Greiz und Mylau schwingt sich die größte aus Ziegelsteinen erbaute Eisenbahnbrücke der Welt über das Tal der Göltzsch, die lange Zeit den Beinamen „das achte Weltwunder" trug. Im Musikwinkel mit *Klingenthal, Markneukirchen, Schöneck* und weiteren anderthalb Dutzend Ortschaften können Gäste Instrumentenbauern in ihren Werkstätten über die Schulter schauen. Ihre Fingerfertigkeit stellten sie mit spielbaren Miniaturgeigen unter Beweis, von denen mehrere auf einer Hand-

Bild: Göltzschtalbrücke

VOGTLAND

fläche Platz finden. Zu sehen sind sie im Markneukirchener Musikinstrumentenmuseum.

An warmen Sommertagen kommen Tausende an die *Stauseen Pirk* und *Pöhl.* Wassersportler tummeln sich auf und im Wasser, der Wind bläht die weißen Segel der Jollen, auch am Ufer wird tüchtig Sport getrieben, kleine Fahrgastschiffe kreuzen auf der blauen Fläche, aber es gibt auch viele Ecken, in denen blumengeschmückte Wiesen eine beschauliche Atmosphäre verbreiten.

Im Winter dagegen, wenn der Schnee stiebt, locken die verschneiten Hänge des *Aschberggebietes* und die dunklen Fichtenwälder um *Schöneck, Schnarrtanne* und *Beerheide* mit weißer Pracht. Wer sich im Sommer beim Baden und im Winter beim Skifahren erkältet, kann gleich weiterfahren in den stillen Bäderwinkel nach *Bad Elster* oder *Bad Bram-*

bach, den beiden traditionsreichen sächsischen Staatsbädern, die unzähligen Kranken schon Linderung oder Heilung brachten.

BAD ELSTER

[115 E5] ★ Bekanntestes und größtes Heilbad in Sachsen (4700 Ew.). Beneidenswert schön ist die Lage im Tal der Weißen Elster! Prunkvolle Bauten und Anlagen im Stil der Gründerjahre prägen den 1848 zum Königlich-Sächsischen Staatsbad erhobenen Ort. Vieles erinnert noch an die Zeit, als Angehörige des sächsischen Königshauses hier promenierten, dazu gehört auch das bis heute herausragende Veranstaltungsangebot. Insider Tipp Dargeboten wird es in sieben historischen Veranstaltungsstätten, unter anderem dem *König-Albert-Theater* und dem *Königlichen Kurhaus.* Beliebte Veranstaltungsorte sind auch die drei historischen Musikpavillons am Badeplatz, am Kurhaus und an der Waldquelle sowie das herrlich im Wald gelegene *Naturtheater,* das nach seiner Modernisierung 2007 mit Carl Maria von Webers Oper „Der Freischütz" wiedereröffnet wurde.

Bad Elster: Tulpen in königlichem Purpurrot schmücken den Park des Königlichen Kurhauses

SEHENSWERTES

BADEMUSEUM

Interessantes und Amüsantes zur Geschichte des Badewesens in dem 1324 erstmals urkundlich erwähnten Ort. Ein Gemälde zeigt den Badeplatz um 1849. *Mi–So 14.30–17 Uhr | in der Wandelhalle (im linken Seitenflügel)*

HISTORISCHE BAUTEN

Das *Königliche Kurhaus* (1888–90) besitzt zwei historische Säle, das benachbarte *König-Albert-Theater (www.chursaechsische.de)* hat 1914 Sachsens König Friedrich August III. eröffnet. In mehreren Baustufen (1851–1927) entstand das *Badehaus* – schauen Sie in den Flügel C, in dessen Treppenhalle Pfeiler und Säulen mit Meißner Jugendstilkacheln verziert sind. Prachtvoll zeigen sich auch die mit reichem plastischem Schmuck versehene *Alberthalle* am Haupteingang sowie die *Kuppelhalle* des Flügels G. Im Obergeschoss blieb die Badekabine von König Friedrich August III. im Original erhalten, der mehrmals in Bad Elster kurte. Am Badeplatz plätschert im *Brunnentempel* von 1933 die Marienquelle. Der Mittelteil der im Bauhausstil errichteten *Wandelhalle* (1929) wird für Konzerte und wechselnde Kunstausstellungen genutzt.

Insider Tipp

ESSEN & TRINKEN

ALBERTS PARKRESTAURANT

Ein Querschnitt durch die Vogtländische Küche. Spezialität ist die „Steakpfanne Albertpark". *Parkstr. 33 | Tel. 037437/500 |* €–€€

Insider Tipp

CAFÉ WALDQUELLE

400 m vom Badeplatz im Wald. Große Auswahl an selbst gemachtem Kuchen. *Tel. 037437/34 52 |* €

ÜBERNACHTEN

AMBIENTE HOTEL QUELLENPARK

Angenehmes Haus, umgeben von einem großen Park mit Teichen, Skulpturen, Liegewiesen und Rosengarten. *21 Zi. | Ascher Str. 20 | Tel. 037437/56 00 | Fax 560 56 | www.quellenpark.de |* €€

Insider Tipp

PARKHOTEL HELENE

Kleines familiengeführtes Wellness-Hotel am Albertpark. *25 Zi. | Parkstr. 33 | Tel. 037437/500 | Fax 50 99 | www.parkhotel-helene.de |* €€

GOLDNER ANKER

Modernisiertes Haus am Luise-See. *26 Zi. | Walter-Rathenau-Str. 9 | Tel. 037437/55 80 | Fax 558 66 | www.goldner-anker.de |* €–€€

FREIZEIT & SPORT

Die moderne Bade- und Saunalandschaft *Elsterado* bietet Strömungskanal, Whirlpool, Massagedüsen und ein beheiztes Außenbecken. Am

MARCO POLO HIGHLIGHTS

★ **Bad Elster**
Auf königlichen Spuren wandeln in Sachsens bekanntestem Heilbad (Seite 76)

★ **Göltzschtalbrücke**
Die größte Ziegelsteinbrücke der Welt bei Mylau (Seite 80)

★ **Drachenhöhle**
Wunderschöne filigrane Tropfsteinbildungen in Syrau (Seite 89)

★ **Vogtland-Arena**
Moderne Sprungschanze, die nicht nur im Winter genutzt wird (Seite 82)

Luise-See können Sie Ruder- und Tretboote ausleihen.

AUSKUNFT

TOURIST-INFORMATION

Bahnhofstr. 2 | 08645 Bad Elster | Tel. 037437/53 93 93 | Fax 53 93 94 | www.bad-elster.de

ZIELE IN DER UMGEBUNG

BAD BRAMBACH **[115 E6]**

Berühmt wurde Brambach, 16 km von Bad Elster entfernt, durch die stärkste Radonmineralquelle der Welt. Nach dem Zweiten Weltkrieg nutzen die Sowjets den Ort mehr als zwei Jahrzehnte als Sanatorium für ihre Armeeangehörigen. In dieser Zeit wurde die Eisenquelle mit Marmor aus Hitlers Reichskanzlei in Berlin neu gefasst.

Im idyllischen Kurpark liegt das Hotel *Ramada Vogtland Resort.* Hinter der historischen Jugendstilfassade erwartet Gäste der Komfort des 21. Jhs. *(114 Zi. | Badstr. 45 | Tel. 037438/21 00 | Fax 21 05 50 | www.vogtland-resort.de | €€–€€€).* Über einen „Bademantelgang" gelangen die Hotelgäste in eine 5000 m² große Bade- und Saunalandschaft mit Außenschwimmbecken. Hier heißt es mehrmals im Jahr ab 22 Uhr: „Die Nacht ist nicht allein zum Schlafen da". Neben Sektempfang und Obstbüfett gibt es jede halbe Stunde einen anderen Aufguss, und die Schwimmhalle ist bei stimmungsvollem Kerzen- und Fackelschein zum FKK-Baden geöffnet. Insider Tipp

> **LOW BUDGET**
>
> - Rabatte und Vergünstigungen bei über 120 Einrichtungen gewährt die *Vogtland-Card,* die es als Erwachsenen-, Kinder- und Familienkarte gibt. Sie ist ein Jahr gültig. Die Erwachsenenkarte kostet 3 Euro, die Kinderkarte 2,50 Euro, die Familienkarte 8 Euro *(Tel. 03741/123 45 67 | www.vogtlandcardtourist.de).*
> - Dienstags bis samstags bietet die Gaststätte *Zum Vogtländer* in Plauen Mittagsgerichte für maximal 6 Euro an *(Körnerstr. 2 | Tel. 03741/28 98 28 | www.zum-vogtlaender.de).*

LANDWÜST **[115 E5]**

Wie lebten einst Bauern und Dorfhandwerker im Vogtland? Antwort gibt das 5 km östlich von Bad Elster liegende *Vogtländische Freilichtmuseum Landwüst.* Den Mittelpunkt bildet ein Wohnstallhaus (1782) im Egerländer Fachwerkstil *(Di–So 10–17 Uhr | www.vogtlaendisches-freilichtmuseum.de).* Vom Museum sind es 500 m bis zum *Wirtsberg,* mit 664 m einer der besten Aussichtspunkte des Vogtlands.

Im Nachbarort *Eubabrunn* befindet sich das aus drei original eingerichteten Höfen mit insgesamt 18 Gebäuden und Hausgärten bestehende *Freilichtmuseum Eubabrunn (Di–So 10–17 Uhr, Nov.–Jan. bis 16 Uhr | www.freilichtmuseum-eubabrunn.de).*

GREIZ

[115 D–E1] Der schmückende Beiname „Perle des Vogtlands" dürfte ein wenig übertreiben, das schlichtere „Park- und Schlossstadt" wird Greiz (28 500 Ew.) ge-

rechter. Die einstige Residenz des Mini-Fürstentums Reuß (der älteren Linie des Geschlechts) weist als einziger Ort im Reisegebiet drei Schlösser auf: das nur im Rahmen von Führungen zu besichtigende *Obere Schloss,* das zum Museum gewordene *Untere Schloss* und das *Sommerpalais.* Einer der reußischen Fürsten, die alle Heinrich hießen, gelangte über die Grenzen des Fürstentums hinaus zu einer gewissen Berühmtheit: Heinrich VI., der 1697 in der Schlacht bei Zenta als General des Prinzen von Savoyen fiel. In der Stadtkirche liegt er in einem vergoldeten Sarg.

SEHENSWERTES

GREIZER PARK

Ein Schmuckstück der Landschaftsgestaltung ganz nach englischem Vorbild. Zahlreiche kostbare Bäume und Sträucher schmücken die etwa 60 ha große Anlage am rechten Ufer der Weißen Elster. Der See hat die Form eines Eichenblatts.

HEIMATMUSEUM

Die Geschichte des Fürstenhauses Reuß und der Stadt Greiz sowie die Schauwerkstatt „Greizer Textil – vom Handwerk bis zur Industrie“. *Sa–Do 10–12.30 u. 13–17 Uhr | im Unteren Schloss, Burgplatz*

Komplett bis hin zum Marienbild: Museumsbauernstube in Landwüst

SOMMERPALAIS
Das frühklassizistische Palais beherbergt die *Staatliche Bücher- und Kupferstichsammlung,* eine Stiftung des Hauses Reuß. Sehenswert ist auch das *Satiricum,* die größte Spezialsammlung zeitgenössischer Karikaturen im Osten Deutschlands. *Di–So 10–17 Uhr, Okt.–März bis 16 Uhr | Greizer Park | www.sommerpalais-greiz.de*

ESSEN & TRINKEN

DREI SCHWANEN
Gemütlicher Landgasthof. Besonders lecker: Braten vom Lamm aus eigener Zucht. *8 km nördl. in Wildetaube | Hauptstr. 7 | Tel. 036625/204 07 | www.gasthof-drei-schwanen.de* | €

PARKSCHLÖSSCHEN
Hier werden Sie in angenehmer Atmosphäre mit Thüringer Küche verwöhnt. *Parkgasse 72 | Tel. 03661/45 51 12* | €–€€

SCHLOSSCAFÉ LEBENSART
Beliebter Treffpunkt im Unteren Schloss, preiswertes Essen, lockere Atmosphäre. Als Zugabe: wechselnde Kunstausstellungen, oft Konzerte, Kleinkunstveranstaltungen. *Burgplatz | Tel. 03661/38 66* | €

ÜBERNACHTEN

AM WALD
Familiengeführtes Hotel in ruhiger Lage im Ortsteil Untergrochlitz. *13 Zi. | Untergrochlitzer Str. 8 | Tel. 03661/67 08 04 | Fax 67 08 05* | €

SCHLOSSBERGHOTEL
Direkt am Schlossberg, ruhig und verkehrsgünstig gelegenes Hotel garni. *32 Zi. | Marienstr. 1–5 | Tel. 03661/62 21 23 | Fax 62 21 66 | schlossberghotel-greiz.de* | €

AUSKUNFT

GREIZ-INFORMATION
Burgplatz (im Unteren Schloss) | 07973 Greiz | Tel. 03661/194 33 | Fax 70 32 91 | www.greiz.de

ZIELE IN DER UMGEBUNG

GÖLTZSCHTALBRÜCKE ★ **[115 D1]**
„Achtes Weltwunder“ wurde die größte Ziegelsteinbrücke der Welt (erbaut 1846–51) lange Zeit genannt. Über 1700 Arbeiter vermauerten 26 Mio. Ziegel für die 81 Bogen auf vier Etagen der 78 m hohen und 574 m langen Eisenbahnbrücke bei Mylau, über die heute noch Reise- und Güterzüge fahren. *Führungen zur Baugeschichte der Brücke über den Fremdenverkehrsverein Nördliches Vogtland: Tel. 03765/39 28 08 | www.goeltzschtalbruecke.info*

KUHBERG **[115 D1]**
Drei Anziehungspunkte hat der 511 m hohe Berg 7 km südöstlich von Greiz vorzuweisen: einen Aussichtsturm (21 m hoch), zwei Garten-Modelleisenbahnen (Insider Tipp) und die Gaststätte *Kuhbergbaude (Tel. 03765/341 25* | €*).* Die Straße zum Kuhberg zweigt im Dorf Brockau ab, vom Parkplatz sind es etwa 700 m Fußweg bis zum Gipfel.

MYLAU **[115 E1]**
Schon Kaiser Karl IV. ist im 14. Jh. durch das Tor der besterhaltenen Burg des sächsischen Vogtlands geritten. Das *Museum* in dem alten Gemäuer beherbergt eine wertvolle na-

turkundliche Sammlung *(Feb.–Okt. Di–Do, Sa, So 10–16.30 Uhr)*. Mit der Silbermannorgel (1730/31) in der Stadtkirche am Markt besitzt Mylau (3200 Ew., 6 km südöstlich von Greiz) eine weitere Attraktion. *www.mylau.de*

ZEULENRODA **[114 C1]**
Einem italienischen Palazzo ähnelt das Rathaus der Stadt (14000 Ew.). Kaum zu glauben: Der Entwurf stammt von keinem Profi, sondern vom heimischen Strumpfwarenverleger Schopper. Zeulenroda, 13 km westlich von Greiz, war im 19. Jh. ein Zentrum der Strumpfwirkerei, eine Strumpfwirkerstube zeigt das *Städtische Museum (Mo–Fr 9–16, Do 9–18, So 13–16 Uhr | Aumaische Str. 30)*. Das täglich geöffnete Wasserfreizeitparadies *Waikiki* bietet original hawaiisches Ambiente mit üppiger tropischer Bepflanzung *(www.tropenbad-waikiki.de)*.

KLINGENTHAL MIT MÜHLLEITHEN

[115 F4] Der zu Klingenthal (9600 Ew.) gehörende Aschberg und der 6 km nordöstlich liegende Ortsteil Mühlleithen [116 A4] haben den Ruf des Ortes als Wintersportzentrum begründet. Vom Otto-Hermann-Böhm-Turm (147 Stufen, kein Fahrstuhl) auf dem *Aschberg* haben Sie einen weiten Blick. Der 935 m hohe Gipfel, über den die Staatsgrenze verläuft, liegt auf tschechischem Gebiet. Klingenthal, das kein richtiges Zentrum hat, da der Ort einst als Streusiedlung entstand, weist Höhenunterschiede von 550 bis 930 m auf.

Beim Akkordeonbau ist Präzision gefragt: Schaumanufaktur in Klingenthal

SEHENSWERTES

MUSIK- UND WINTERSPORTMUSEUM
Ein vielseitiges Haus: Ausstellungen zum Geigenbau, zur Harmonikaproduktion und zum Wintersport. *Schlossstr. 3 | Di–Fr 10–16, Sa, So 11–16 Uhr*

SCHAUMANUFAKTUR AKKORDEONBAU
Sie dürfen bei der handwerklichen Fertigung von Akkordeons zuschauen. Besichtigen können Sie auch die älteste Geigenmacherwerk-

statt der Gegend vom Ende des 19. Jhs. *Führungen (Dauer ca. 1 Std.) Mo–Do 9.30, 11, 12.30 u. 14 Uhr, Fr 9.30 Uhr | Falkensteiner Str. 31 | www.akkordeon-schaumanufaktur.de*

TIERPARK

Die beiden Grizzlybären Nina und Ulla sind unter den rund 500 Tieren die Lieblinge der Besucher. *Mai–Sept. tgl. 9–18 Uhr, Okt.–April 9 Uhr bis Einbruch der Dunkelheit | Richard-Wagner-Höhe*

VOGTLAND-ARENA ★

Die Sport- und Eventstätte mit einer der neuesten und modernsten Sprungschanzen Europas wird ganzjährig genutzt. Die in 35 m Höhe „schwebende" Aufwärmkapsel für die Springer am Schanzenturm erreichen Interessierte mit dem Lift und dem Schanzenfahrstuhl. *Besichtigungen tgl. 10–16 Uhr |* Insider Tipp *Führungen Sa und So zwischen 10 und 16 Uhr | Infos unter Tel. 037467/28 08 60 | www.vogtland-arena.de*

ESSEN & TRINKEN

GASTHAUS ZUR ALTEN SCHULE

Klingenthals erste Schule, um 1630 erbaut, wurde zu einer urigen Gaststätte. Insider Tipp Vogtländische Küche wie Sauerbraten, Kümmelfleisch oder Hüllerchen (kleine Kartoffelbällchen in Speck und Zwiebeln gebraten) werden bei Petroleumlicht serviert. *Schulgasse 4 | Tel. 037467/268 72 | www.alte-schule-klingenthal.de* | €€

SCHÖNE AUSSICHT

Berggasthof in fast 900 m Höhe, mit typischen Speisen und hausgebackenem Brot. *Aschbergstr. 19 | Tel. 037467/202 81* | €

ÜBERNACHTEN

WALDHOTEL VOGTLAND

Das einstige Leistungszentrum für Wintersportler steht nach seiner Modernisierung als Hotel allen offen. *43 Zi. | Floßgrabenweg 1 | Tel. 037465/45 60 | Fax 456 10 | www.waldhotel-vogtland.de* | €

ZUR POST

Familiengeführtes Hotel mit Sauna und Fitnessraum in zentraler Lage. *21 Zi. | Poststr. 3 | Tel. 037467/221 08 | Fax 288 78 | www.klingenthal-hotelzurpost.de* | €

FREIZEIT & SPORT

40 km gespurte Loipen für Langläufer und Skiwanderer, drei Skilifte für Abfahrer und Snowboarder, dazu die Kunsteisbahn Brunndöbra. In Mühlleithen gibt es eine 800 m lange Sommerrodelbahn *(Mo–Fr 13–17, Sa, So, 10–17 Uhr bzw. bis zur Dunkelheit, nicht bei Regen und Schneefall).* Freibäder gibt es im Dürrenbachtal und in Brunndöbra.

AUSKUNFT

TOURIST-INFORMATION

Schlossstr. 3 | 08248 Klingenthal | Tel. 037467/648 32 | Fax 648 25 | www.klingenthal.de

ZIELE IN DER UMGEBUNG

MORGENRÖTHE-RAUTENKRANZ [116 A4]

1978 startete das sowjetische Raumschiff Sojus 29 in den Weltraum. An Bord waren der Russe Waleri Bykowski und als erster Deutscher der Vogtländer Dr. Sigmund Jähn. Im

Geburtsort des Kosmonauten Jähn, 18 km nördlich von Klingenthal, entstand im ehemaligen Bahnhofsgebäude die *Deutsche Raumfahrtausstellung (tgl. 10–17 Uhr).* www.morgenroethe-rautenkranz.de

Einen Weitblick aus 23 m Höhe gewährt der Schneckenstein

MULDENBERG **[115 F3]**
Großen Spaß bereitet das Schauflößen im Mai und September auf dem Unteren Floßgraben, 8 km nördlich von Klingenthal; dazu lockt ein bunter Handwerkermarkt *(Termine unter Tel. 037465/67 64).* Gemütlich ist es im *Hotelgasthof Flößerstube (11 Zi. | Klingenthaler Str. 3–4 | Tel. wie oben | Fax 60 40 | www.floesserstube.de | €).*

SCHNECKENSTEIN **[115 F3]**
Europas einziger frei stehender Topasfelsen liegt 7 km nördlich von Klingenthal. Die schönsten der weingelb gefärbten Edelsteine zieren die Krone der englischen Königin oder funkeln im Grünen Gewölbe in Dresden *(Mai–Sept. tgl. 10–16 Uhr).* Ein Erlebnis ist die 45 Minuten dauernde Führung im nahen Besucherbergwerk *Grube Tannenberg,* 1600 m geht es in den Berg *(Di–Fr 10, 11.30, 13 u. 14.30 Uhr, Sa, So auch 15.30 Uhr).* Warme Kleidung nicht vergessen, die Temperatur liegt bei maximal 5 Grad. www.schneckenstein.de

SCHÖNECK **[115 E4]**
Balkon des Vogtlands wird das 16 km nordwestlich von Klingenthal gelegene Städtchen (3800 Ew.) genannt. ✱ Das Blickfeld vom Aussichtsfelsen *Alter Söll* im Zentrum beträgt ca. 2000 km². Der höchstgelegene Ort des Vogtlands (700–800 m) bietet gute Wintersportbedingungen. www.touristinfo-schoeneck.de

Auf einer Anhöhe am Ortsrand liegt der bei Familien beliebte *IFA Ferienpark Hotel Hohe Reuth*, eine Ferienanlage mit 337 Hotelzimmern und Ferienwohnungen, Lagunen-

und Wellenbad *(Tel. 037464/30 | Fax 310 00 | www.ifa-ferienpark-vogtland.de | €€).*

WERNESGRÜN [115 F2]

Die Fernsehsendung „Wernesgrüner Musikantenschenke" hat das Bierdorf des Vogtlands, das 28 km nördlich von Klingenthal liegt, weithin bekannt gemacht. Das Wernesgrüner Pils ist mittlerweile nicht mehr nur in den neuen Bundesländern ein Begriff. Der *Brauerei-Gutshof* wurde zu einem Erlebniszentrum mit *Biertenne* und der ▶▶ *Schmiede im Saustall,* in der Rock, Jazz, Country und vieles mehr geboten werden. In den Pferdeställen stehen wieder Pferde, und Kremserfahrten werden durchgeführt *(Tel. 037642/613 99 | www.wernesgruener.de).* In der gemütlichen *Brauschenke* gibt es regionale Küche und natürlich das würzige Wernesgrüner Bier *(Bergstr. 4 | Tel. 037462/613 11 | €€).*

MARKNEUKIRCHEN

[115 E5] **Seit über 300 Jahren werden in der von waldreichen Bergen umgebenen Stadt (7300 Ew.), im Volksmund „Neikirng" genannt, Musikinstrumente hergestellt.** In vielen Werkstätten können Sie zuschauen, wie Meisterinstrumente entstehen. Herrliche Bürgerhäuser sind Zeugen für den Wohlstand der einstigen Musikinstrumentenverleger. In der Musikhalle musizieren das ganze Jahr über Orchester und Musikgruppen. Vom Aussichtsturm Bismarcksäule auf dem *Oberen Berg* (620 m) haben Sie

Absonderliche, Töne erzeugende Vorrichtungen im Markneukirchener Musikmuseum

einen einzigartigen Rundblick über Stadt und Land.

SEHENSWERTES

MUSIKINSTRUMENTENMUSEUM

Fast 2 m hoch ist das Piano-Akkordeon, dessen 125 Tasten und 360 Bässe einst die sechs Tanzgirls der englischen Gruppe „Doorlay" spielten. 1940 gaben sie das Riesenakkordeon in Klingenthal zur Reparatur, bis heute holten sie es nicht ab. Insgesamt besitzt das Museum mehr als 3000 Instrumente aus der ganzen Welt. *April–Okt. Di–So 10–17 Uhr, Nov.–März 10–16 Uhr, Juli, Aug. auch Mo | Bienengarten 2 | www.museum-markneukirchen.de*

ESSEN & TRINKEN ÜBERNACHTEN

BERGGASTHOF HEITERER BLICK

Gut geführter kleiner Gasthof. Am Nachmittag sollten Sie sich ein „Tipf'l" Kaffee und einen „Fadäpfelkung" bestellen (eine Tasse Kaffee mit Kartoffelkuchen). *7 Zi. | Oberer Berg 54 | Tel. 037422/26 95 | Fax 458 18 | www.heiterer-blick.de | €*

AUSKUNFT

TOURISMUSBÜRO

Am Rathaus 2 | 08258 Markneukirchen | Tel. 037422/411 43 | Fax 411 49 | www.markneukirchen.de

ZIEL IN DER UMGEBUNG

ADORF [115 E4]

Eine Kette aus 177 Perlen gehört zu den Kleinoden im Dresdner Grünen Gewölbe. Entnommen wurden die Perlen vogtländischen Flussperlmuscheln. Über die der sächsischen Krone vorbehaltene Perlenfischerei informiert das *Heimatmuseum im Freiberger Tor (Di–Fr 9–12 u. 13–17, Sa 10–12 u. 13–16, So 13–16 Uhr)* in diesem 6 km östlich von Markneukirchen liegenden Städtchen (6100 Ew.). *www.adorf-vogtland.de*

Mehr als 50 der bekanntesten vogtländischen Ausflugsziele sind in der Miniatur-Schauanlage Klein-Vogtland als Modell zu sehen *(www.klein-vogtland.de)*. Auf dem Gelände der Schauanlage befindet sich der *Botanische Garten* mit etwa 11 000 Pflanzen, die ihre Heimat überwiegend im Kalkhochgebirge haben *(April–Okt. tgl. 10–18 Uhr | www.botanischer-garten-adorf.de)*.

PLAUEN

KARTE IN DER HINTEREN UMSCHLAGKLAPPE

[115 D2–3] Plauen (71 000 Ew.) gilt als eine landschaftlich besonders schöne Stadt. International bekannt wurde das wirtschaftliche und kulturelle Zentrum des Vogtlands durch seine Spitzenproduktion – auf der Weltausstellung 1900 in Paris eroberten die auch heute noch begehrten textilen Kostbarkeiten einen Grand Prix. Wer heute durch die Stadt bummelt und sich an den fein restaurierten Häusern, den vielen Geschäften und Restaurants erfreut, ahnt nicht, dass die von einem fast geschlossenen Waldgürtel umgebene Stadt an der Weißen Elster am Ende des Zweiten Weltkrieges durch Bomben zu rund 75 Prozent zerstört wurde.

SEHENSWERTES

ALTES RATHAUS

Viel bestaunt am schönen Renaissancegiebel des Alten Rathauses wird die *Kunstuhr* von 1548. Jede Viertelstunde bewegen sich die beiden Löwen, beim Stundenschlag hebt der linke Mann seinen Stab, der

Viel mehr als ein Zeitmesser: die Kunstuhr am Alten Rathaus

rechte wackelt mit dem Bart. Ein toller Blick auf die Stadt belohnt den Aufstieg über 230 Stufen auf den Rathausturm *(Mai–Sept. Di, Do 10 Uhr)*.

Insider Tipp

GALERIE E. O. PLAUEN

Schmunzeln Sie über die Bildgeschichten „Vater und Sohn", mit denen der Karikaturist Erich Ohser unter dem Pseudonym e. o. plauen weithin bekannt wurde. Ohser (1903–44) verlebte Kindheit und Jugend in Plauen. Ständige Ausstellung und wechselnde Sonderschauen mit Arbeiten des Meisters. *Bahnhofstr. 36 | Di–So 13–17 Uhr | www.galerie.e.o.plauen.de*

PLAUENER SPITZENMUSEUM

Textile Kostbarkeiten aus Vergangenheit und Gegenwart. *Mo–Fr 10–17, Sa 9–14 Uhr | Altes Rathaus (im Erdgeschoss, Eingang Altmarkt) | www.plauenerspitze.info*

SCHAUWERKSTATT PLAUENER SPITZEN

In einer 1902 in Betrieb genommenen Stickerei wird auch heute noch Plauener Spitze auf historischen Maschinen in traditioneller Technologie hergestellt. *Obstgartenweg 1 | Mo–Sa 10–17 Uhr*

VOGTLANDMUSEUM

Geschichte, Kunst und Naturkunde des Vogtlands und der Stadt Plauen. Sein Domizil hat das Museum in drei prachtvollen Häusern, die sich Ende des 18. Jhs. zwei als „Fürsten von Plauen" bezeichnete Baumwollwarenhändler erbauen ließen. *Di–Do, Sa, So 10–17, Fr 10–13 Uhr | Nobelstr. 9–13*

ESSEN & TRINKEN

CAFÉ BÖRNER

Leckere Torten und Kuchen aus eigener Produktion. *Postplatz 14 (am Nonnenturm) | Tel. 03741/22 12 80*

GASTWIRTSCHAFT MATSCH
Plauens älteste Gaststätte, urig und gemütlich. *Nobelstr. 3–5 | Tel. 03741/ 20 48 07 | www.matsch-plauen.de* | €

ROYAL
Elegantes Restaurant, in dem vorwiegend regionale Spezialitäten die Karte bestimmen. *Bahnhofstr. 17 (im Hotel Alexandra) | Tel. 03741/ 22 14 14* | €€

ÜBERNACHTEN

ALEXANDRA
72 Zimmer im Stil des französischen Barocks sowie im Jugendstil und ein kleiner, ansprechender Wellnessbereich. *Bahnhofstr. 17 | Tel. 03741/ 22 14 14 | Fax 22 67 47 | www.hotel-alexandra-plauen.de* | €€

HOTEL AM STRASSBERGER TOR
Helle und farbenfroh eingerichtete Zimmer in einer modernen und freundlichen Atmosphäre. Besonders angenehm sitzt man auf der Gartenterrasse im Innenhof. *61 Zi. | Straßberger Str. 37–41 | Tel. 03741/287 00 | Fax 287 01 00 | www.strassberger-tor.bestwestern.de* | €€

Insider-Tipp

FREIZEIT & SPORT

In der *Freizeitanlage Syratal (Hainstraße)*, bietet die Minigolfanlage Freizeitspaß für Jung und Alt. Skaterfreaks treffen sich im modernen ▶▶ *Skatepark* an der Weißen Elster, mit einer Ausstattung vom Allerfeinsten *(Mo–Fr 14–20, Sa, So 12–20 Uhr)*.

AM ABEND

Das *Theater Plauen-Zwickau (Theaterstr. 1–3 | www.theater-plauen-zwickau.de)* ist ein Mehrspartentheater. Im ▶▶ *Malzhaus (Alter Teich 7–9 | www.malzhaus.de)* gibt es Kleinkunst, Rock- und Folkloremusik sowie Filmvorführungen und Lesungen. Das Tanz- und Partyvölkchen trifft sich in der ▶▶ Disco *n-eins* im Erdgeschoss des Freizeitcenters am Klostermarkt *(www.n-eins.de)*.

AUSKUNFT

TOURIST-INFORMATION
Unterer Graben 1 (Neues Rathaus) | 08523 Plauen | Tel. 03741/291 10 27 | Fax 29 13 10 28 | www.plauen.de

Diese Kleider aus Plauener Spitze sind echte Kostbarkeiten

Filigrane „Vorhänge" aus Sinter in der Syrauer Drachenhöhle

ZIELE IN DER UMGEBUNG

AUERBACH [115 E–F 2]

Die 1792 erbaute Nikolaikirche wurde 1992 zur ▶▶ *Göltzschtalgalerie*. In dem schön restaurierten Bauwerk fanden bildende Künstler eine Heimstatt, aber auch Kulturveranstaltungen wie Jazzkonzerte und Lesungen finden hier statt *(Mi–Fr 11–18 Uhr, Sa, So 14–18 Uhr | Rodewischer Str. 2 | Informationen unter Tel. 03744/21 18 15 | www.goeltzschtalgalerie-nicolaikirche.de)*. Der 22 m hohe Bergfried bekam 1909 einen 25 m hohen Rundturm aufgesetzt, der mit seinem roten Dach zum Wahrzeichen der 23 km östlich von Plauen gelegenen Stadt (19 500 Ew.) im Göltzschtal wurde.

Im Ortsteil Brunn bereitet das *Hallen- und Freibad* mit Sprungturm, Whirlpool, Brodelbucht und Saunalandschaft Badespaß. *www.stadt-auerbach.de*

FALKENSTEIN [115 E3]

Das *Heimatmuseum* besitzt die größte Sammlung vogtländischer Moosmänner, dieser aus Holz, Papier und Moos gebastelten Weihnachtsfiguren *(Sa 13–17 Uhr | Schlossplatz)*. Neben dem Museum ragt der Schlossfelsen auf, ein schöner Aussichtspunkt, der einen weiten Blick über die Stadt (10 000 Ew.), die 15 km östlich von Plauen liegt, ermöglicht. Am Stadtrand lädt in der warmen Jahreszeit die *Talsperre Falkenstein* zum Baden ein. *www.stadt-falkenstein.de*

RODEWISCH [115 F2]

Auf der Schlossinsel der 25 km östlich von Plauen gelegenen Stadt (7800 Ew.) sind die Grundmauern des „festen Hus Göltzsch" aus dem 13. Jh. zu sehen. Das benachbarte *Museum Göltzsch* sollten Sie unbedingt in den Wintermonaten besuchen, denn die große traditionelle Weihnachtsausstellung mit einer beweglichen Bergparade und einer 27 m^2 großen Eisenbahnanlage erfreut von Dezember bis Februar nicht nur Kinderherzen *(Mai–Sept. u. Dez.–Feb. Di–Do, Sa, So 10–12 u. 13–16.30 Uhr | Schlossinsel | www.rodewisch.de)*. Insider Tipp

Informationen über Vorführungen und Abendbeobachtungen des Himmels gibt es in der *Schulsternwarte und Planetarium Sigmund Jähn (Rützengrüner Str. 41 | Tel. 03744/323 13 | www.sternwarte-rodewisch.de)*.

SYRAU [114 C2]

Zu den wunderschönen Tropfsteinbildungen in der 6 km nordwestlich von Plauen liegenden ★ *Drachenhöhle* [115 D2] gehören die „Syrauer Gardinen“: etwa 2,5 m lange und 1 m breite, zart gemusterte mineralische Ablagerungen, sogenannte Sinter. Höhlenbesucher sollten gut zu Fuß sein: Beim Rundgang müssen sie 330 Stufen ersteigen. Besonders eindrucksvoll sind von einer achtminütigen *Lasershow (Mai– Aug.)* begleitete Führungen in der *Walhalla*, dem schönsten Raum der Höhle; wann genau sie stattfinden, ist unter *Tel. 037431/37 35* zu erfahren. *Führungen (ohne Lasershow 40 Min.) April –Okt. 9.30–17, Nov.–März 10–16 Uhr | Am Höhlenberg | www.drachenhoehle.de*.

Die letzte Windmühle im Vogtland wurde zum *Museum der Mühlenbautechnik (Ostern, Mai–3.Okt. Sa, So 11–16 Uhr, Juli, Aug. Di–So 11–16 Uhr | Windmühlenweg | www.syrau.de*

TALSPERRE PIRK [115 D3]

4 km langes und etwa 500 m breites, die Weiße Elster stauendes Gewässer, das sich fast bis an den Stadtrand von Oelsnitz erstreckt. Baden, segeln, paddeln und surfen am Nordufer. *www.talsperre-pirk.de*

TALSPERRE PÖHL [115 D–E2]

Vogtländisches Meer nennen Segler, Ruderer und Angler die 7 km nördlich von Plauen liegende Talsperre. *Fahrgastschiffe* starten von April bis Mitte Oktober zu einstündigen Rundfahrten. Am 27 km langen Ufer gibt es Liegewiesen, einen Sportpark und bei *Helmsgrün* einen FKK-Strand.

Auf dem *Eisenberg* nahe der 312 m langen Staumauer steht der Julius-Mosen-Turm, der einen herrlichen Blick auf die Talsperre bietet. In der Nähe, bei Jocketa, überspannt die *Elstertalbrücke*, die zweitgrößte Ziegelsteinbrücke der Welt (12 Mio. Ziegel, 279 m lang, 68 m hoch), das Tal der Weißen Elster. *www.poehl.de*

> MITTELPUNKT DER ERDE

Damit die Erdachse reibungslos funktioniert

„Für 50 Cent kannste studiern, wie se hier in Pausa de Erdachs' schmiern.“ Wer dieser Aufforderung der *Erdachsendeckelscharnierschmiernippelkommission* folgt, sieht hinter einer Glasscheibe im Keller des Pausaer Rathauses die rotierende Erdachse *(Mo–Fr 9–16, Sa, So, 9.30–17.30 Uhr | www.stadt-pausa.de)*. Die Pausaer haben für die Behauptung, durch ihr Städtchen verlaufe die Erdachse, zwei Deutungen: Erstens soll Mitte des 19. Jhs. Pausa ziemlich genau in der Mitte des damaligen Vogtlands gelegen haben, und zweitens lag Pausa beim Premierenflug des Zeppelins genau in der Mitte der Flugstrecke. Um die Behauptung auch öffentlich kundzutun, steht auf dem Rathausdach ein 1200 kg schwerer Riesenglobus mit der Aufschrift „Pausa – Mittelpunkt der Erde“. Geschickte Pausaer verstehen es übrigens, eine Weltkarte so zu falten, dass Pausa exakt im Kniff zu liegen kommt ...

> VON WELTWUNDERN UND SILBERFUNDEN

Reisen auf schmalen Straßen und mit der Schmalspurbahn

Die Touren sind auf dem hinteren Umschlag und im Reiseatlas grün markiert

1 WO DAS SILBER GEFUNDEN WURDE

Die Silberstraße, Sachsens erste Ferienstraße, zieht sich durch das gesamte Erzgebirge. Sie verbindet die einstigen Zentren des Silbererzbergbaus miteinander, in denen es zahlreiche bergbautechnische Anlagen zu sehen gibt, aber auch viele Bauwerke, die vom einstigen Reichtum der Bauherren und vom Kunstsinn der Baumeister künden. Die gut ausgeschilderte Ferienstraße beginnt in Zwickau, der interessanteste, ca. 220 km lange Teil führt nach Freiberg. Zwei Tage sollten Sie für diese Autotour einplanen.

Sie verlassen **Zwickau** *(S. 38)*, das durch das Schneeberger Silber reich geworden war, auf der B 93. Entlang der Zwickauer Mulde geht es durch Wilkau-Haßlau nach **Schneeberg** *(S. 66)*. Dort waren bereits im 15. Jh. rund 1200 Bergleute tätig. Manche bergbauliche Anlage blieb in dieser

Bild: Fichtelbergbahn

AUSFLÜGE & TOUREN

Stadt erhalten, darunter das **Siebenschlehner Pochwerk** in der Lindenauer Str. 2 und der heute als Badesee sehr beliebte **Filzteich**, der vor rund 500 Jahren für grubentechnische Zwecke angelegt wurde.

Von hier aus fahren Sie weiter nach **Bad Schlema** *(S. 69)*. Die Gegend ist geprägt vom Uranbergbau, den die Sowjets nach 1945 hier betrieben. Mittlerweile sind viele der alten Halden wieder bewaldet. Wie Maulwürfe mussten sich Zehntausende von Menschen damals in die Berge buddeln, ohne Rücksicht auf die Umwelt und ohne Rücksicht auf das eigene Leben. So fanden im Wismut-Schacht insgesamt 250, in Niederschlema im Juli 1955 33 Bergleute den Tod. Es existierte keine Feuerwehr für unter Tage, die Feuerlöscher funktionierten wegen Überlagerung nicht, Havariepläne für die Schächte gab es nicht.

Kurz hinter Schlema erreichen Sie das in einem Talkessel liegende **Aue** *(S. 68)*. In dieser Stadt begann in der zweiten Hälfte des 15. Jhs. die Suche nach Silber und Eisen. Nach 1700 erfolgte im Bergwerk Weißerdenzeche St. Andreas, dessen Huthaus bis heute erhalten geblieben ist, der Abbau des Kaolins für die Meißner Porzellanmanufaktur. Auf der B 101 fahren Sie weiter durch das Städtchen Lauter nach **Schwarzenberg** *(S. 70)*, dessen Sehenswürdigkeiten Sie nur dann entdecken, wenn Sie ganz nach oben auf den Felssporn steigen: Von hier aus haben Sie einen wunderbaren Blick auf das Schloss, die Stadtkirche und die prächtigen Bürgerhäuser in den Straßen und Gassen.

Insider Tipp

Über Scheibenberg fahren sie jetzt nach **Annaberg-Buchholz** *(S. 49)*, auf einer Straße, über die im späten Mittelalter schwer beladene Fuhrwerke holperten, die Silber und andere Erze in die Hütten und Münzstätten brachten. Um Annaberg-Buchholz förderten im 16. Jh. rund 600 Gruben Erze. Wie es damals zuging, zeigen Szenen auf der Rückseite des Altars der St.-Annen-Kirche. Mitten in der Stadt, im Hof des Erzgebirgsmuseums in der Großen Kirchgasse 16, wurde 1993 ein altes Silberbergwerk entdeckt. Eine der bedeutendsten Schauanlagen an der Silberstraße stellt in **Frohnau** *(S. 52)* das zum Museum gewordene Hammerwerk dar.

Insider Tipp

Nächstes Ziel ist **Marienberg** *(S. 59)*, eine Stadt, die vor rund 500 Jahren eigens für Bergleute angelegt wurde. Als steinerner Zeuge kündet die Marienkirche, die letzte der so beeindruckenden obersächsischen Hallenkirchen, von der großen Zeit des Silberbergbaus. Wie alle Gotteshäuser entlang der Silberstraße birgt sie zahlreiche Schätze sakraler Kunst. Vom breiten Tal der Flöha führt Sie die Silberstraße nun weiter über eine waldarme Hochfläche über Forchheim und Brand-Erbisdorf nach **Freiberg** *(S. 35)*. Durch Zufall fand man hier im Jahr 1168 das erste Silber. Prachtvolle Bauwerke stehen in der Altstadt, allen voran der Dom und das Rathaus. Mit einem Bummel durch Freiberg endet diese Tour; die Silberstraße führt weiter bis Dresden.

2 MIT DER FICHTELBERGBAHN NACH OBERWIESENTHAL

Eisenbahnfreaks kommen von weit her angereist, um im Erzgebirge in Schmalspurzüge zu steigen, die von fauchenden Dampfrössern gezogen werden. Die Kleinbahnzüge sind für viele kein Mittel zum Reisen mehr, sondern das Ziel von Tagesausflügen ins Grüne. Sie versetzen die Touristen unserer Tage zurück in die Zeit ihrer Großeltern.

In Cranzahl dampfen die Züge los. Für die 17,4 km lange Strecke nach Oberwiesenthal mit einer Spurbreite von 750 mm beträgt die Fahrtdauer ca. eine Stunde, in beide Richtungen gibt es täglich bis zu fünf Abfahrten.

Das kleine **Cranzahl** hat als Sehenswürdigkeit die Himmelfahrtskirche vorzuweisen, die 1910 auf den Grundmauern des Vorgängerbaus von 1556 entstand. Südöstlich des Dorfes ragt der Bärenstein (896 m) aus der Landschaft, in der 1948–51 eine nur 30 ha große Trinkwassertalsperre entstand. Für den 420 m langen und 37 m hohen Staudamm wurde heimischer Gneis verwendet.

Der Berg gab dem Dorf den Namen, **Bärenstein** zieht sich etwa 3 km an der Grenze zu Tschechien hin. Einzige Sehenswürdigkeit ist die 1655 geweihte Erlöserkirche mit ihrem schiefergedeckten Walmdach.

Nadelwald weiter nach **Kretscham-Rothensehma** (8,0 km). Wenig später (9,4 km) beginnt der steilste Streckenabschnitt. In **Niederschlag** (10,5 km) biegt die Kleinbahn ins Pöhlbachtal ein und dampft gen Süden

Der Bergbau prägte alle Lebensbereiche: Altar der St.-Annen-Kirche in Annaberg-Buchholz

Der Kleinbahnzug zuckelt durch das Tal der Sehma parallel zur Landstraße nach **Unterneudorf** (2,7 km). Wenn linker Hand der Habichtsberg (797 m) und rechter Hand der Pollmerfelsen (819 m) vorüber sind, kommt langsam der Bahnhof von **Neudorf** (4,5 km) in Sicht, ein lang gestreckter Ort mit einer Kirche vom Ende des 16. Jhs. Nach dem Haltepunkt **Neudorf-Vierenstraße** (6,0 km) verlässt der Zug das Tal der Sehma, nun führen die Gleise in einem großen Bogen ostwärts durch dichten

entlang der Grenze zu Tschechien. Nach dem nächsten Haltepunkt **Hammerunterwiesenthal** (13,6 km) drängen sich die Berge an die durch das Tal führende B 95 und die Bahngleise. Nach der Station **Unterwiesenthal** (15,7 km) dampft der Zug über den 110 m langen und 23 m hohen Viadukt, die letzte und größte der fünf Brücken der Strecke, um kurz darauf in den Bahnhof von **Kurort Oberwiesenthal** *(S. 53)* zu fahren, der sich genau 893,96 m über dem Meeresspiegel befindet.

EIN TAG IN CHEMNITZ

Action pur und einmalige Erlebnisse.
Gehen Sie auf Tour mit unserem Szene-Scout

GENUSS UND SPASS

10:30

Auf dem Weg zur Sommerrodelbahn in Augustusburg einen kleinen Abstecher auf den Kaßberg machen und bei der Konditorei *Freund's* anhalten. Die besonders leckeren Quarktaschen geben Power für den Tag. Danach geht es über sieben Steilkurven 577 m tief ins Tal. Genuss und Spaß pur. **WO?** *Str. an der Rodelbahn 1 | Augustusburg | www.augustusburg.net | Freund's: Ulmenstraße/Ecke Weststraße*

12:30

ORIGINAL STATT PLAGIAT

Zum Besuch im Erzgebirge gehört ein deftig-sächsisches Mittagessen. Roulade, Sauerbraten oder Wellfleisch, nirgendwo ist es besser (und preiswerter) als im *Goldenen Hahn*. Liebenswertes Gasthaus mit Geschichte (seit 1738). **WO?** *Zschopauer Str. 565 | www.goldener-hahn-chemnitz.de*

KUNSTFLIEGEN

14:00

Nun muss man allen Mut zusammennehmen. Das Flugzeug wartet, und wenn der Pilot seine Kunststücke am Himmel vollführt, heißt es: nicht die Orientierung verlieren! **WO?** *Flugplatz Chemnitz-Jahnsdorf | Wilhermsdorfer Str. 43 | Kosten: 150 Euro | Buchung unter www.flugschule-stahnke.de*

16:00

WELTRAUMABENTEUER

Im Küchwaldpark überrascht eine steil in den Himmel ragende Rakete. Im angeschlossenen Kosmonautenzentrum kann man seinen Kindheitstraum vom Weltraumflug simulieren. Lustiger Sci-Fi-Trash abseits von neuartigem Multimedia-Spektakel. **WO?** *Küchwaldring 20 | www.kosmonautenzentrum.de*

24 h

KAFFEEPAUSE

16:30

Erst rauf auf den Schlossberg und die Aussicht genießen. Dann gemütlich hinunter zum Schlossteich schlendern und im Café an der Schlossmühle einen Milchkaffee bestellen. Besser chillen geht nicht. **WO?** *Schlossberg 3 | www.gasthaus-schlossmuehle.de*

17:30

NEUE SÄCHSISCHE KUNST

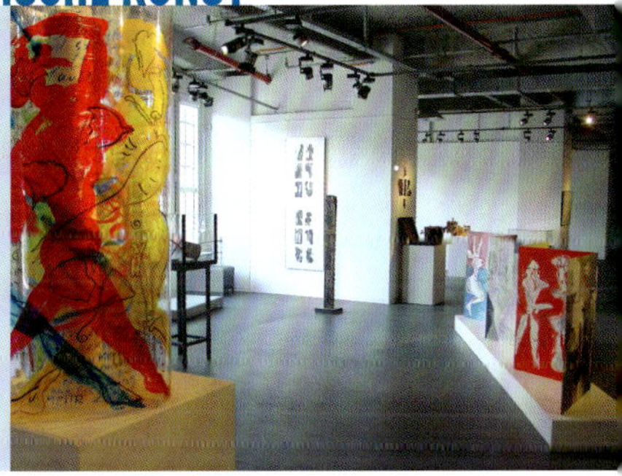

Ständig wechselnde Ausstellungen mit sächsischen Künstlern. Ist nicht nur interessant, sondern hat auch viel Lokalkolorit. Die *NSG* hat mit über 10 000 Werken den größten Bestand an sächsischer Kunst nach 1945. **WO?** *Neue Sächsische Galerie | Moritzstr. 20 | Anmeldung zur Führung unter Tel. 0371/367 66 80 | www.neue-saechsische-galerie.de*

ALLES KOSCHER

20:00

Hunger? Dann ab ins *Schalom*. Besonderheit: In dem jüdischen Lokal ist nicht nur das Essen koscher, sondern auch das bei Chemnitz gebraute Bier. Die Atmosphäre dagegen ist mediterran. **WO?** *Carolastr. 5 | www.schalom-chemnitz.de*

23:00

CITYNIGHTS

Auf zum Clubbing in die Innenstadt. Die besten Hotspots liegen nur wenige Meter auseinander. Zuerst geht es ins schräg-rockige *Atomino*, dann in die Clublegende *FX-Bau*. Tanzen, bis der Morgen graut. **WO?** *Atomino: Johannisplatz | www.atomino-club.de | FX-Bau: Carolastr. 8 | www.clubfx.de*

> MIT 80 KM/H DEN BERG RUNTER

Das Erzgebirge bietet mehr Möglichkeiten, sich sportlich zu betätigen, als man vermutet

> Das Erzgebirge und auch das Vogtland besuchten bislang meist Gäste von 45 Jahren an aufwärts. Das ändert sich gegenwärtig, denn die Angebote für aktive Betätigung beschränken sich nicht mehr nur aufs Wandern im Sommer und aufs Skifahren im Winter.

Junge Leute zieht es in die zahlreichen Erlebnisbäder, sie sausen mit Inlinern über angelegte Bahnen, testen beim Mountainbiking ihre Fähigkeiten oder surfen auf den Stauseen. Zu den Facetten des Angebots gehören auch Tennis, Bowling und Golf. Im Winter sind die Berge ein Paradies für Skifahrer und Snowboarder.

ANGELN

Angler haben das Erzgebirge und das Vogtland noch nicht entdeckt, obwohl hier kapitale Aale, Hechte, Barsche, Zander und Karpfen gefangen werden. Angeln kann man u. a. in den *Talsperren Malter, Eibenstock,*

Bild: Talsperre Pöhl

SPORT & AKTIVITÄTEN

Pirk und *Pöhl.* Wie überall in Deutschland ist freier Fischfang nicht gestattet. Angler müssen einen auf ihren Namen lautenden Fischereischein besitzen, mit dem sie die Angelgenehmigung für das jeweilige Gewässer bekommen. *Auskunft bei den Tourist-Informationen*

GOLF & MINIGOLF

18-Loch-Plätze befinden sich in *Gahlenz* bei Chemnitz *(Tel. 037292/606 66 | www.birdiepage.de)* und in *Plauen-Steinsdorf (Tel. 037439/446 58 | www.golfclub-plauen.de).* 9-Loch-Golfanlagen gibt es in *Zwickau (Reinsdorfer Str. 29 | Tel. 0375/204 04 00 | www.golfplatz-zwickau.de),* in *Klaffenbach (Tel. 0371/262 17 72 | www.gc-chemnitz.de)* sowie an der *Talsperre Pöhl (Tel. 037439/445 35 | www.golfanlage-talsperre-poehl.de).* Minigolfanlagen finden Sie u. a. in *Oberwiesenthal,* im vogtländischen *Beerheide,* in *Zwota* und in *Plauen.*

INLINESKATEN

In *Zwickau* wurde ein Teil der Parkfläche vor dem Glück-Auf-Center zum Inlineskatertreff. In *Grünhain* tummeln sich die Inlineskater im Sport- und Freizeitpark, im vogtländischen *Schönheide* auf der Kunstbahn, am *Greifenbachstauweiher* auf dem Weg von der Jugendherberge zum Weiher und in *Geyer* am Anton-Günther-Weg. Direkt an der Weißen Elster in Plauens Stadtmitte ist für Skater eine Art Paradies entstanden: ein höchst anspruchsvoller, einer Stadtlandschaft nachempfundener Insider Tipp Skatepark mit allen Schikanen. *www.area241.com*

KLETTERN

Klettervergnügen bieten die *Greifensteine,* eine Formation von sieben bis zu 32 m hohen, stark zerklüfteten Granitfelsen. Vorhanden sind über 100 verschiedene Aufstiege. Geübte Bergsteiger dürfen hier jederzeit klettern, aber nur an den Außenseiten der Felsen. Bei Johanngeorgenstadt können Sie, wenn Sie Übung haben, auf die 30 m hohen *Teufelssteine im Steinbachtal* klettern, auf die acht Aufstiege führen.

RADFAHREN

Mountainbiker mögen das Erzgebirge und das Vogtland. Die Berge hoch geht es im ersten Gang, was Kondition verlangt, bergab dann braucht man Mut, denn auf manchen Strecken werden Geschwindigkeiten von bis zu 80 km/h erreicht. Die 32 km lange *Kammloipe,* die vom vogtländischen Schöneck ins erzgebirgische Johanngeorgenstadt führt, steht im Sommer Radfahrern offen. Insider Tipp *www.kammtour.de*

Fahrräder können Sie in fast jedem Ferienort ausleihen, auch zahlreiche Hotels bieten ihren Gästen Räder an.

Auf Mühlleithens Hängen können sich auch Snowboarder austoben

SPORT & AKTIVITÄTEN

REITEN

Reiten durch den Wald oder entlang von Flussläufen und dabei die reizvolle Natur genießen ist ein besonders schönes Erlebnis. Geländeritte, Kutsch- und Kremserfahrten oder im Winter Fahrten mit dem Schlitten werden in vielen Orten angeboten. Ein beliebtes Familienhotel ist der *Trakehnerhof Großwaltersdorf (Tel. 037293/715 39 | www.trakehnerhof.de)*. Wanderreiten bietet der *Wanderreitbetrieb Katrin Thiele* in *Tannenberg* an *(Tel. 03733/50 66 20 | www.erzgebirge.wanderreiten.net)*.

Weitere Informationen bei den Touristbüros und unter *www.sachsen-mit-pferd.de*

WANDERN

Die besten Zeiten, Erzgebirge und Vogtland zu Fuß zu durchstreifen, sind das späte Frühjahr und der Herbst. Auf Proviant und Getränke können Sie getrost verzichten, da es genügend auf Wanderer eingestellte Gaststätten gibt. Das ausgeschilderte Wanderwegenetz hat eine Länge von über 5000 km.

Die Tour „Wandern ohne Gepäck auf dem Kamm des Erzgebirges" in zwölf Etappen führt vom vogtländischen Schöneck bis nach Geising im Osterzgebirge über 222 km *(Tel. 03733/188 00 14 | www.tourismus-erzgebirge.de | www.kammtour.de)*.

Anziehungspunkt für viele Wanderer ist der „Vogtländische Wandertag" mit mehreren Strecken, darunter eine Kinder-Erlebnistour für Mädchen und Jungen zwischen 7 und 14 Jahren sowie die 20-km-Profitour *(Tel. 03744/18 88 60 | www.vogtlandtourist.de)*.

WASSERSPORT

Die *Talsperre Pöhl* ist ein Eldorado für Wassersportler. Hier kann man segeln und surfen, rudern und paddeln, Surf- und Segelschulen sind vorhanden *(www.poehl.de)*. Bei allen Wassersportlern beliebt ist auch der *Greifenbachstauweiher (www.greifenbachstauweiher.de)*.

WINTERSPORT

Mit der 36 km langen *Kammloipe* von Schöneck bis Johanngeorgenstadt inmitten des Naturparks Erzgebirge/Vogtland besitzt die Region eine der schönsten und schneesichersten Loipen Deutschlands. Sie wurde vom Deutschen Skiverband als einzige Mittelgebirgsloipe mit dem Prädikat „exzellent" ausgezeichnet. Die *Skimagistrale Böhmisches Erzgebirge* verlängert die Kammloipe von Johanngeorgenstadt nach Oberwiesenthal um ca. 35 km. *www.kammloipe.com*

Im Erzgebirge ist *Oberwiesenthal* mit dem *Fichtelberg* Mittelpunkt des Wintersports, im Vogtland *Klingenthal* mit dem *Aschberg*.

Die größte Massensportveranstaltung ist der *Kammlauf*, zu dem sich an jedem letzten Februarwochenende mehr als 1000 Skilangläufer aller Altersstufen am Start in *Mühlleithen* treffen. Siegerpokale werden nicht angestrebt, es geht ums Mitmachen, und das schon seit Jahrzehnten.

Für Rodler geht auf der 1,2 km langen Bahn in *Markersbach* die Post ab. Snowboarder finden in *Oberwiesenthal* und *Eibenstock* beste Bedingungen vor. Zum Curlingzentrum der Region hat sich *Geising* entwickelt

> IN MINUTEN UM DIE WELT

Zahlreiche spannende Vergnügungen drinnen und draußen erfreuen Kinderherzen

> Erzgebirge und Vogtland haben sich auf Familien mit Kindern eingerichtet. Immer nur Badespaß oder Wandern müssen nicht sein, denn das nervt auf die Dauer selbst die bravsten Kids.

Mit einem farbenfrohen Prospekt stellt die „Interessengemeinschaft Freizeitland Erzgebirge" ihr Angebot vor *(www.freizeitland-erzgebirge.de)*. Dieser Vereinigung angeschlossen haben sich auch Hotels, die besondere Familienprogramme anbieten, darunter das Feriendorf Schwarzwassertal mit der Lama-Ranch in Pobershau *(www.feriendorf-pobershau.de)*, der Trakehnerhof in Großwaltersdorf mit Reitsportangeboten *(www.trakehnerhof. de)* und das Hotel Saigerhütte im gleichnamigen Museumskomplex in Olbernhau *(www.saigerhuette.de)*. Erzgebirge und Vogtland halten noch weitere Vergnügungen bereit, die nicht nur Kindern, sondern auch Erwachsenen Spaß bereiten.

> www.marcopolo.de/erzgebirge

MIT KINDERN REISEN

ERZGEBIRGSVORLAND

ADLER- UND GEIERFLUGSCHAU AUGUSTUSBURG [112 A4]

Gänsegeier fliegen im Segelflug über die Augustusburg, Adler und Jagdfalken stürzen pfeilschnell auf die Faust von Falkner Michael Löbel, Eulen gleiten geräuschlos wenige Zentimeter über die Köpfe der Besucher hinweg. Die 45 Minuten dauernde Adler- und Geierflugschau, in der nebenbei viel über die Lebens- und Verhaltensweisen der Vögel erzählt wird, ist einer der Höhepunkte eines Besuchs auf der Augustusburg, die auch ein *Museum für Jagdtier- und Vogelkunde des Erzgebirges* beherbergt. *Ostern–Okt. Di–So 11 u. 15 Uhr | www.die-sehenswerten-drei.de | Eintritt 6 Euro, Kinder 4 Euro*

MINIWELT LICHTENSTEIN [110 C3]

In wenigen Minuten vom Capitol in Washington zum Völkerschlachtdenkmal in Leipzig und dann weiter zur Akropolis in Athen? Das ist möglich, und zwar im Park der einstigen Landesgartenschau. Fast 100 Bauwerke aus aller Welt im Maßstab 1:25 können die Minis hier bestaunen. In einem 12 m langen Hafenbecken sind Feuerlöschboote im Einsatz, Blickpunkte bilden der 12 m hohe Eiffelturm und der Berliner Fernsehturm mit 15 m. *Ostern–Okt. tgl. 9–18 Uhr | Chemnitzer Str. 43 | www.miniwelt.de | Eintritt 6 Euro, Kinder 5 Euro*

OSTERZGEBIRGE

WILDPARK GEISING-HARTMANNMÜHLE [113 E4]

Manche Tierarten kann man in der freien Natur nur mit etwas Glück beobachten. Wer das nicht hat, lernt sie im Wildpark kennen: Rot- und Damhirsche, Mufflons und Rehe, Luchse, Waschbären und Wildkatzen. Im Streichelgehege leben Ziegen und Schafe. Besonders zutraulich sind die Esel Susi und Heinz. An warmen Tagen herrscht am gläsernen Bienenstock emsiges Treiben. Fütterung der Pflanzenfresser wie Damwild und Rehe tgl. 10 Uhr und der Fleischfresser (Wildkatzen, Luchse, Waschbären) 15 Uhr. *Mai–Okt. tgl. 10–18, Nov.–April 10–16 Uhr | www.wildpark-osterzgebirge.de | Eintritt 3 Euro, Kinder 2 Euro*

MITTLERES ERZGEBIRGE

MODELLBAHNLAND ERZGEBIRGE IN WIESA [111 F5]

Auf 660 m Gleisen rollen die Bahnen, vorbei an 50 000 Bäumen und etwa 500 Gebäuden. Die größte Spur-1-Anlage in Europa zeigt das Erzgebirge entlang der Eisenbahnstrecke Wolkenstein–Bärenstein im Maßstab 1:32, wie es 1980 ausgesehen hat. Auf den Straßen der beeindruckenden Anlage fährt all das, was DDR-typisch war: der Trabant, der LKW W 50, der Motorroller Schwalbe. *Di–So 10–17 Uhr | Mittelweg 4 | Wiesa im OT Schönfeld | www.modellbahnland-erzgebirge.de | Eintritt 7 Euro, Kinder 4,50 Euro*

STOCKHAUSEN-SPIELZEUGLAND IN OLBERNHAU [112 B6]

Hier dürfen die Kids nach Herzenslust auf drei Etagen toben. Eine 9 m hohe, begehbare Erlebnisburg mit Wehrgängen, Türmen, Schießscharten und Zinnen, ein farbenfroher Spielplatz aus Würfelelementen und eine Rutsche laden zum Herumtollen ein. Puppenstuben, Kaufmannsläden, Modelleisenbahnen und mehr stehen zum Ausprobieren bereit. *Do–Di 10–18 Uhr, in den Schulferien Sachsens auch Mi | in der Saigerhütte | www.stockhausen-spielzeugland.de | Eintritt 5,95 Euro, Kinder 5,15 Euro*

WESTERZGEBIRGE

EISENBAHNMUSEUM SCHWARZENBERG [116 C3]

Insider Tipp

Hier können die Kids Lokomotivführer spielen! Rund 40 Dampflokomotiven, Dieselloks, Reisezug- und Güterwagen stehen auf dem Museumsgelände. Star der Eisenbahnveteranen ist das Dampfross 942105 von 1923, das einst durchs Erzgebirge dampfte. Wie bei fast allen Lokomotiven ist es auch bei dem Museumsstar erlaubt, auf den Führerstand zu klettern. *Mo–Fr 10–14, Sa, So 10–16 Uhr | Schneeberger Str. 60 | www.*

eisenbahnmuseum-schwarzenberg.de | Eintritt 2,50 Euro, Kinder 1 Euro

VOGTLAND

FREIZEITPARK PLOHN ★ [115 F2]

Die einen rollen mit der Westerneisenbahn durch das Schaubergwerk und durch die Westernstadt, andere zuckeln auf einem behäbigen Floß über das Wasser zurück in die Urzeit und bestaunen furchterregende Dinos. Der große Freizeitpark bietet eine geballte Ladung an Unterhaltung und Vergnügen: einen Märchenwald ebenso wie die 420 m lange Wildwasserbahn, Kletterberg, Riesenrutsche, Hüpfburg, Oldtimer- und Wichtelbahn, Tiergehege und vieles mehr. *April, Mitte Sept.–Okt. 10–17, Mai–Mitte Sept. 10–18 Uhr | www.freizeitpark-plohn.de | Eintritt 16,50 Euro, Kinder 14,50 Euro (Kinder bis 12 Jahre an ihrem Geburtstag frei)*

FREIZEITANLAGE SYRATAL [115 D2]

Alles in Mini ist hier angesagt: mit dem Jumicar mit Gas und Bremse und 4 PS durch den Verkehrsparcours mit richtigen Verkehrszeichen zu brausen oder mit der Minieisenbahn auf einem 1,1 km langen Rundkurs herumzuzuckeln. Erste Golferfahrung lässt sich auf dem 18-Loch-Minigolfplatz sammeln, die niedlichen Zwergziegen und Hasen im Minizoo wollen gestreichelt werden. *Ostern–Okt. Di–Fr 13–18, Sa, So, 10–18 Uhr | Hainstr. 10 | www.freizeitanlage-plauen.de | Eintritt frei, bezahlt werden einzelne Attraktionen*

Zauberer, Pumas auf zwei Beinen und Cowgirls im Erlebnispark in Plohn

> VON ANREISE BIS WETTER

Urlaub von Anfang bis Ende: die wichtigsten Adressen und Informationen für Ihre Reise ins Erzgebirge

ANREISE

AUTO

Von Norden: auf der A 13, weiter auf der A 4 Richtung Chemnitz; ins westliche Erzgebirge und ins Vogtland bietet sich auch die Anreise auf der A 9 an. Von Westen: ins westliche Erzgebirge und ins Vogtland auf der A 4 bis Hermsdorfer Kreuz, dort auf die A 9 Richtung Nürnberg bis Schleiz, weiter auf der B 282 und der B 92 nach Plauen. Ins mittlere Erzgebirge auf der A 4 bis Chemnitz, ins östliche bis Siebenlehn. Von Osten: auf der A 4 Richtung Chemnitz, ins westliche Erzgebirge und ins Vogtland weiter auf der A 72. Von Süden: auf der A 72, ins östliche Erzgebirge weiter auf der A 4 Richtung Dresden bis Siebenlehn. *www.adac.de*

BAHN

Fernverbindungen führen nur bis ans Erzgebirge heran. Wer ins westliche Erzgebirge oder ins Vogtland möchte, steigt in Plauen, Reichenbach, Werdau oder Zwickau aus, bei Reisen ins mittlere oder östliche Erzgebirge verlässt man den Fernzug in Dresden, Chemnitz oder Freiberg. ICE- sowie IC/EC-Züge halten in Dresden, IC-Züge in Freiberg, Chemnitz, Zwickau, Reichenbach und Plauen. *www.bahn.de*

Vogtlandbesucher reisen mit dem regionalen Nahverkehrssystem Egro-

PRAKTISCHE HINWEISE

Net vom thüringischen Gera (Anschluss von Erfurt, Leipzig), dem bayerischen Bayreuth (Anschluss von Nürnberg, München) und dem tschechischen Karlovy Vary (Anschluss von Prag) an. *www.egronet.de*

FLUGZEUG

Der nächstgelegene internationale Flughafen liegt in Dresden *(www.flughafen-dresden.de)*. Für Reisende in das westliche Erzgebirge und in das Vogtland bieten sich auch der Regionalflughafen Hof-Plauen *(www.airport-hof.de)* sowie die Flughäfen Erfurt *(www.flughafen-erfurt.de)* und Leipzig-Halle an *(www.leipzig-halle-airport.de)*.

AUSKUNFT

TOURISMUSVERBAND ERZGEBIRGE E. V.

Adam-Ries-Str. 16 | 09456 Annaberg-Buchholz | Tel. 03733/18 80 00 | Fax 188 00 20 | info@erzgebirge-tourismus.de

TOURISMUSVERBAND VOGTLAND E. V.

Friedrich-Ebert-Str. 21a | 08209 Auerbach | Tel. 03744/18 88 60 | Fax 188 86 59 | info@vogtlandtourist.de

GELD & PREISE

Das Erzgebirge und das Vogtland gehören zu den preisgünstigen Ferienregionen Deutschlands. Wer sich außerhalb der bekannten Ferienorte ein Quartier sucht, wohnt keinesfalls schlechter, aber preiswerter. Bei längerem Aufenthalt lohnt es sich, nach Sammeltickets zu fragen (zum Beispiel bei Sommerrodelbahnen), Familien sollten sich nach Familienkarten erkundigen.

WAS KOSTET WIE VIEL?

KAFFEE	**1,80 EURO** für die Tasse im Café
BIER	**AB 1,80 EURO** für 0,3 l vom Fass
MUSEUM	**2–5 EURO** für den Eintritt
KURTAXE	**MAX. 2,20 EURO** pro Tag in der Hauptsaison
BAD	**8 EURO** für 2 Std. im Erlebnisbad
FAHRRAD	**CA. 10 EURO** Miete für einen Tag

INTERNET

Die offizielle Website des Tourismusverbands Erzgebirge: *www.erzgebirge-tourismus.de*

Viele Informationen und die Bilder von mehr als 50 Webcams: *www.erzgebirge.de*

Informative private Website über die Regionen des Erzgebirges: *www.ins-erzgebirge.de*

Viele Infos zur Region: *www.echt-erzgebirge.de*

Das aktuelle Wetter im Erzgebirge: *www.erzgebirgswetter.de*

Veranstaltungen im Erzgebirge: *www.ins-erzgebirge.de/veranstaltun gskalender.php?*

Informationen über Schneeverhältnisse und Liftbetrieb: *www.sachsen-tour.de/start/click.syst em*

Website des Verbands Erzgebirgischer Kunsthandwerker und Spielzeughersteller: *www.erzgebirge. org*

Die offizielle Website des Tourismusverbands Vogtland: *www.vogt landtourist.de*

Der sächsische Teil des Vogtlands: *www.tzv.de*

Das Thüringer Vogtland: *www.thue ringen-vogtland.de*

Nachrichten aus dem Vogtland: *www. vogtland-anzeiger.de*

Das Wetter im Vogtland: *www.vogt land-info.de/wetter.html*

Der Naturpark Erzgebirge/Vogtland stellt sich vor: *www.naturpark-erzge birge-vogtland.de*

Geschichte, Begriffe, Personen u. v. m des Erzgebirges: *www.erzge birge-abc.de*

INTERNETCAFÉS & WLAN

Ein Internetanschluss ist in den Ferienhotels selten vorhanden, deshalb ist auch das drahtlose Surfen im Netz an WLAN-Hotspots in den Hotels im Erzgebirge und im Vogtland noch recht wenig verbreitet. Wer seine E-Mails abfragen oder versenden möchte: *Café Eisbär* in *Marienberg (Zschopauer Str. 25 | Tel. 03735/ 21 93 93 | www.cafeeisbaer.de); Internetpoint* in der Bibliothek von *Kurort Seiffen (Hauptstr. 95 | Tel. 037362/82 88); Internetcafé* in *Schwarzenberg (Bahnhofstr. 14 | Tel. 03774/17 80 99);* in Chemnitz *Internetcafé BCC (Fürstenstr. 28 | Tel. 0371/666 54 52 | www.bcc-chem nitz.de)* und *PC-Team Michael Kasparek (Oberfrohnaer Str. 62 | Tel.- 0371/857 75 80 | www.pcteam.net); Internetcafé* in *Werdau (Plauensche Str. 44 | Tel. 0162/746 22 07); Inter-*

WETTER AUF DEM FICHTELBERG

	Jan.	Feb.	März	April	Mai	Juni	Juli	Aug.	Sept.	Okt.	Nov.	Dez.
Tagestemperaturen in °C	-3	-2	-1	5	10	14	16	16	12	7	2	-1
Nachttemperaturen in °C	-7	-7	-5	-1	3	7	8	8	6	2	-3	-6
Sonnenschein Std./Tag	2	3	4	5	6	6	6	6	5	4	2	2
Niederschlag Tage/Monat	15	14	14	14	14	13	13	12	11	11	14	15

netcafé Ritterkeller in *Plauen (Forststr. 16 | Tel. 03741/20 33 31)*

JUGENDHERBERGEN

Erforderlich ist ein gültiger Ausweis des Deutschen Jugendherbergswerks (DJH) für Junioren (bis 26 Jahre) oder Senioren (ab 27 Jahre). *Auskunft: DJH-Servicecenter Sachsen | Maternistr. 22 | 01067 Dresden | Tel. 0351/494 22 11 | Fax 494 22 13 | servicecenter@djh-sachsen.de.* Unter *www.djh-sachsen.de* finden Sie auch eine Übersicht der Jugendherbergen in der Region.

NOTRUFE

Polizei: Tel. 110; Feuerwehr, Notarzt: Tel. 112

ÖFFNUNGSZEITEN

Wer sichergehen möchte, ob ein Restaurant geöffnet ist, sollte sich vorher telefonisch erkundigen. Sind keine Gäste mehr da, schließen Lokale oft auch früher als angegeben. Ruhetage gibt es auch, die sich hin und wieder verändern. Meist ist es ein Tag in der Woche, in den unfreundlichen Spätherbst- und zeitigen Frühjahrswochen sind es manchmal auch zwei.

In Sachsen dürfen die Geschäfte werktags von 6 bis 22 Uhr öffnen, im Thüringer Vogtland Mo–Fr sogar rund um die Uhr und Sa bis 20 Uhr. Fast alle Läden in den kleineren Städten und Dörfern schließen aber nach wie vor um 18 Uhr, und mittags gibt es oft noch eine ein- bis zweistündige Mittagspause, die jedoch überall unterschiedlich ist.

Die Kirchen in den Städten öffnen im Sommer meist stundenweise, und auf dem Land ist man fast immer bereit, die Kirchentür für Besucher aufzuschließen.

PANNENHILFE

ADAC: Tel. 01802/22 22 22 (24-Stunden-Pannendienst)

PRIVATUNTERKUNFT

Privatquartiere, aber auch Ferienwohnungen und Ferienhäuser werden in allen Ferienorten angeboten, meist über die Tourist-Informationen oder Kurverwaltungen.

REISEZEIT

Sowohl im Sommer als auch im Winter sind das Erzgebirge und das Vogtland als Reiseziel beliebt. Die Sommersaison beginnt Ende Mai und endet Ende September/Anfang Oktober, die Wintersaison dauert von Ende November bis Ende März/Anfang April.

Bei guten Schneeverhältnissen gibt es an den Wochenenden in den Wintersportzentren Verkehrs- und Parkplatzprobleme. Wer Ruhe und Einsamkeit sucht, sollte das Frühjahr wählen, wenn auf den Wiesen die Krokusse blühen und an den Hängen die Forsythien, oder er sollte im Herbst fahren, wenn das farbenprächtige Laub sich vom Dunkelgrün der Nadelbäume abhebt.

TELEFON & HANDY

In den meisten Hotelzimmern befindet sich ein Telefon, das Preisbewusste aber nur in dringenden Fällen nutzen. Öffentliche Telefonzellen sind reichlich vorhanden.

Handybesitzer brauchen nur kleine Funklöcher in einigen Tälern zu beklagen.

Scheibenberg: Weihnachtspyramide

> UNTERWEGS IM ERZGEBIRGE

Die Seiteneinteilung für den Reiseatlas finden Sie auf dem hinteren Umschlag dieses Reiseführers.

REISE ATLAS

5 km
ALTENBURG
Schloss
Windischleuba
Pöppschen
Dolsenhain
Rathendorf
Neupoderschau
Zetzscha
Nißma
Zechau
Großröda
Lödla
Remsa
Bocka
Jahnshain
Monstab
Wilchwitz
Altmörbitz
Obergräfe
Starkenberg
Tegkwitz
Naundorf
Nobitz
Neuenmörbitz
Langenstein-bach
Mehna
Göhren
Kosma
Tanna
Dobitschen
Mockern
Ehrenberg
Lohma
Langenleuba-Niederhain
Langenleuba-Oberhain
Zschöpperitz
Klausa
Buscha
Göllnitz
Jauern
Pleiße
Lumpzig
Gleina
Lehndorf
Mockzig
Ehrenhain
Frohns-dorf
Niedersteinbach
Altkirchen
Röthenitz
Oberarnsdorf
Engertsdorf
Jückelberg
Gimmel
Großstöbnitz
Saara
Zehma
Großmecka
Ziegelheim
Thierbach
Reichstädt
Drogen
Trebula
Maltis
Heiersdorf
Göpfersdorf
Wildenbörten
Bohra
Zschernitzsch
Podelwitz
Nieder-wiera
Drosen
Bornshain
Naundorf
Schwaben
Großstechau
Taupadel
Oberwiera
Dürrenuhlsdorf
Löbichau
Schmölln
Gößnitz
Waldenburg
Niederwinkel
Beerwalde
Sommeritz
Kummer
Nörditz
Neukirchen
Klein-chursdorf
Nöbdenitz
Schönberg
Pfaffroda
Langenchursdorf
Zschöpel
stillgelegt
Altstadt
Posterstein
Weißbach
Grünberg
Ponitz
Meerane
Callenberg
Schmölln
Glauchau-Ost
Remse
Vollmershain
Heyersdorf
Wald-sachsen
Reichenbach
Thonhausen
Franken-hausen
Reinholds-hain
Grumbach
Jonaswalde
Glauchau-West
GLAUCHAU
Haselbach
Crimmitschau
Meerane
Lobsdorf
Schloss Hinterglauchau
Dennheritz
Mannichswalde
Nischwitz
Rudelswalde
Kuhschnappel
Niederlungwitz
Hohenstein-Ernstthal
Vogel-gesang
Schloss Agrar-u. Freilichtmuseum
Langen-reinsdorf
Lauenhain
Wernsdorf
Neukirchen
Schlunzig
St. Egidien
Blankenhain
Rußdorf
Mosel
Nieder-mülsen
Rüsdorf
Kleinbernsdorf
Lauterbach
Dänkritz
Wulm
Thurm
Lichten-stein
Chursdorf
Ober-rothenbach
Nieder-albertsdorf
Langen-hessen
Hartmanns-dorf
Niederhohn-dorf
Crossen
Stangendorf
Mülsen
Miniwelt
Ober-albertsdorf
Schneppendorf
Sankt Micheln
Trünzig
Langen-bernsdorf
Königswalde
Pleiße
(263)
ZWICKAU
ADAC
PÖLBITZ
ECKERSBACH
Mülsen
Rödlitz
Heinrichsort
Stöcken
Werdau
Automobil-museum
Mülsen Sankt Jacob
Leubnitz
Dom
Mülsen Sankt Niclas
Teichwolframsdorf
Steinpleis
MARIENTHAL
2008
Neuschönburg
Kleinreinsdorf
313
Fraureuth
SCHEDEWITZ
Reinsdorf
Ortmannsdorf
Sachsen
Thüringen
Ruppertsgrün
Vorholz
Silberstraße
Friedrichs-grün
Zwickau-Ost
359
Lichtentanne
NEU-PLANITZ
Vielau
Härtens-dorf
Beiersdorf
Gospers-grün
Stenn
Wilkau-Hasslau
Mohlsdorf
Reudnitz
Reuth
Burg
Schönfels
Cainsdorf
Silber-straße
Wildenfels
Schönau
Gottesgrün
Altschönfels
2008
Rottmanns-dorf
Grünau
Kahmer
Ebersbrunn
Culitzsch
GREIZ
Schönbach
Neumark
Cunersdorf
Wiesenburg
Langenbach
Schönfeld
Brunn
Zwickau-West
Niedercrinitz
Burkers-dorf
Langenweißbach
Reinsdorf
Reichenbach i.Vogtland
Hauptmanns-grün
Weißbach
Friesen
(365)
Kirchberg
Silberstraße
Netzsch-kau
Obermylau
Heinsdorfer-grund
Ober-heinsdorf
Hirschfeld
Schneeberg
Mylau
Rotschau
Unter-heins-dorf
Irfersgrün
Wolfersgrün
Saupersdorf
Sperrgebiet
(475)
Lauschgrün
Reichenbach
Leutersbach
Hirschenstein
St.-Wolfgang-Kirche
Kuhberg
511
Schneiden-bach
Waldkirchen
Pechtels-grün
Hartmannsdorf
610
Giegen-grün
Lindenau
Buch-wald
Schönbrunn
Lauterhofen
Stangengrün
Crinitz-berg
Limbach
Freizeitpark Plohn
Obercrinitz
Sperrgebiet
Weißensand
Pfaffen-grün
Lengenfeld
Plohn
Röthenbach
Bärenwalde
Hartmannsgrün
Steinberg
Lichtenau
Albernau
Wildenau
Helmsgrün
Rothenkirchen
Hundshübel
Burkhardtsgrün
Eich
Treuen
Oberstützengrün
Rodewisch
Wetzelsgrün
Wernesgrün
Stützengrün
Schreiersgrün
Rebesgrün
Kuhberg
794
Talsperre Eibenstock
Wolfsgrün
Rützengrün
Thoßfell
Altmanns-grün
Auerbach
Neuheide
Schönheider-hammer
Blauenthal
Zobes
Waldbad Brunn
Schnarrtanne
Schönheide
Sosa
Neuensalz
Unterlauterbach
Badegärten
Eibenstock
Schönau
Dorfstadt
Naturpark

115

Mutzscheroda
Wechselburg
Thalheim
Zschoppelshain
Erlau
Frankenau
Lauenhain
Ringethal
Weinsdorf
Rossau
Schlegel
Hainichen
Nöbeln
Topfseifersdorf
Mittweida
Göhren
Seifersbach
Himmelhartha
Cossen
Göritzhain
Wiederau
Königshain-
Altmittweida
Schönborn-Dreiwerden-
Hainichen
Elsdorf
Gersdorf
Lunzenau
Berthelsdorf
Stein
Diethensdorf
Zschöppichen
Irbersdorf
Rochsburg
Sachsenburg
Arnsdorf
Claußnitz
Krumbach
Eulendorf
Penig
Heiersdorf
Mohsdorf
Markersdorf
Ottendorf
Frankenberg
Dittersbach
Merzdorf
Sperrgebiet
Chursdorf
Garnsdorf
Chemnitz-Ost
Niederlichtenau
Burgstädt
Taura
Frankenberg/Sa.
Langenstriegis
Tauscha
Niederfrohna
Köthensdorf-Reitzenhain
Auerswalde
Oberlichtenau
Lichtenau
Mühlbach
Schönerstadt
Mühlau
Hartmannsdorf
Wittgensdorf
Ch.-Glösa
Lichtenwalde
Sperrgebiet
Mittelfrohna
Glösa
Braunsdorf
Börnichen
Bräunsdorf
Chemnitz-Mitte
Eisenbahnmuseum
Niederwiesa
Falkenau
Limbach-
Röhrsdorf
Hilbersdorf
Oberwiesa
Kändler
Borna
Chemnitz
Flöha
Limbach-Oberfrohna
Rottluff
Wildgatter
Rabensteiner Felsendome
Roter Turm
Gablenz
Euba
Grünberg
Meinsdorf
Pleißa
Burg
Katzenberg
Standseilbahn
Wüstenbrand
Rabenstein
Rathaus
Parkeisenbahn
Erdmannsdorf
Augustusburg
Tierpark
Grüna
Bernsdorf
Schellenberg
Chemnitz-Süd
Schönau
Altchemnitz
Hennersdorf
Siegmar
Kleinolbersdorf
Hohenstein-Ernstthal
Mittelbach
Stelzendorf
Erfenschlag
Dittmannsdorf
Oberlungwitz
Neukirchen
Einsiedel
Witzschdorf
Gornau
Waldkirchen
Ursprung
Erlbach-
Leukersdorf
Klaffenbach
Eibenberg
Zschopau
Kirchberg
Adorf
Dittersdorf
Amtsberg
Oelsnitz
Lugau
Burkhardtsdorf
Kemtau
Weißbach
Schlößchen
Krumhermersdorf
Bergbaumus.
Niederwürschnitz
Niederdorf
Jahnsdorf
Meinersdorf
Hohndorf
Stollberg-Nord
Gelenau
Stollberg-West
Erzgebirgsbad
Grießbach
Scharfenstein
Stollberg
Gornsdorf
Venusberg
Großolbersdorf
Thalheim
Auerbach
Hopfgarten
Hartenstein
Mitteldorf
Drebach
Brünlos
Herold
Hilmersdorf
Oberdorf
Gablenz
Hormersdorf
Thum
Gehringswalde
Thierfeld
Hartenstein
Dorfchemnitz
Jahnsbach
Schönbrunn
Beutha
Streitwald
Greifensteine
Ehrenfriedersdorf
Wolkenstein
Raum
Zschopautal
Alberoda
Falkenbach
Neundorf
Streckewalde
Lenkersdorf
Bergwerksmus.
Stein
Zwönitz
Geyer
Grubenbahn
Silberstraße
Thermalbad Wiesenbad
Lößnitz
Schönfeld
Wiesa
Schmalspurbahnmuseum
Tannenberg
Mauersberg
Dittersdorf
Zschopau
Mildenau
Markus-Röhling-Stolln
Aue
Hermannsdorf
Geyersdorf
Schatzenstein
Dörfel
Frohnau
Frohnauer Hammer
Arnsfeld
Bernsbach
Pöhlberg
Silberstraße
Grünhain-
Elterlein
St.-Annen-K.
Annaberg-Buchholz
Fuchshöhe
Beierfeld
Deutsche Alleenstraße
Lauter
Waschleithe
Schwarzbach
Schlettau
Grumbach
Deutsche Alleenstraße
Schauberg
Schloss
Königswalde
Schwarzenberg
Scheibenberg
Walthersdorf
Cunersdorf
Schloss
Raschau
Oberscheibe
Sehma
Eisenbahnmuseum
Museum
Markersbach
Kühberg
Bermsgrün
Grünstädtel
Talsperre Markersbach
Sehma-Cranzahl
Morgenleithe
Bärenstein
Jöhstadt
Erla
Vogtland
Crottendorf
Antonsthal
Pöhla
Bärenstein
Vejprty
Černý Potok
Erzgebirge
Sächsisches Schmalspurbahnmuseum
Neudorf
Steinheidel
Breitenbrunn
CS
vodní nádrž

Rüsseina
Raußlitz
Miltitz
Ullendorf
Constappel
Döbeln-Ost
A
B
C
Choren
Radewitzer Höhe
304
Taubenheim
Röhrsdorf
Ebersbach
Haßlau
Starbach
Nossen-Nord
Katzenberg
tal
Kleinschönberg
Klipphausen
Heynitz
Munzig
Bayerhöhe
320
Sora
Wetterwitz
Ilkendorf
Wendischbora
Deutschenbora
Burkhardswalde
Gleisberg
Gruna
Roßwein
Rhäsa
Rothschönberg
33
Freiberger Mulde
Nossen
Nossen-Ost
Dreieck Nossen
Tanneberg
Limbach
Wilsdruff
Etzdorf
Marbach
Blankenstein
Grumbach
Tiefenbach
Siebenlehn
Hirschfeld
Neukirchen
Helbigsdorf
Böhrigen
Dittersdorf
Obergruna
Schloss
Reinsberg
364
Herzogswalde
Berbersdorf
Arnsdorf
Bieberstein
Mohorn
Pohrsdorf
E40
Kleinvoigtsberg
Großvoigtsberg
Dittmannsdorf
Grund
Fördergersdorf
Goßberg
Reichenbach
Pappendorf
Striegistal
Seifersdorf
Hohentanne
Krummenhennersdorf
Hartha
391
Hetzdorf
Tharandter Wald
Hainichen
Mobendorf
Großschirma
Halsbrücke
Niederschöna
Grillenburg
Cunnersdorf
Langhennersdorf
Jagdschloß
Coradsdorf
Riechberg
Bräunsdorf
Naundorf
Kleinwaltersdorf
Eulendorf
Freiberger Silberbergw.
Schmohlhöhe
431
Bockendorf
Wegefarth
Grubenbahn Rathaus
Hilbersdorf
Klingenberg
Colmnitz
Wingendorf
Kleinschirma
Langenstriegis
Frankenstein
FREIBERG
(416)
Niederbobritzsch
Talsperre Klingenberg
Oberschöna
Zug
Sohra
Memmendorf
Oederan
Udohöhe
495
Bobritzsch
514
Pretzschendorf
Weißenborn
35
Kirchbach
Brand-Erbisdorf
Börnichen
Miniaturenpark „Kl.-Erzgebirge"
Berthelsdorf
Oberbobritzsch
Falkenau
518
Oberreichenbach
Lichtenberg
Silberstraße
Breitenau
Langenau
Weigmannsdorf-Müdisdorf
Gahlenz
Burkersdorf
Grünberg
Hohenfichte
Kleinhartmannsdorf
Teichmühle
Helbigsdorf
Mulda
Burgberg
617
Schloss
Frauenstein
Augustusburg
Gränitz
Schellenberg
Leubsdorf
Eppendorf
Groß-hartmannsdorf
Talsperre Lichtenberg
Dittersbach
Freiberger Mulde
Marbach
Großwaltersdorf
Rothenbach
Waltersdorfer Höhe
589
Zethau
Obersaida
554
Borstendorf
Grünhainichen
Mittelsaida
Dorfchemnitz
Waldkirchen
Lippersdorf
700
Clausnitz
Voigtsdorf
Börnichen
Niedersaida
Deutsche Alleenstraße
Wünschendorf
Flöha
Reifland
Haselbach
Dörnthal
728
Friedebach
697
Krumhermersdorf
Talsperre Saidenbach
Seiffener Höhe
Forchheim
Lengefeld
Cämmerswalde
581
Pfaffroda
Ullersdorf
Sayda
Hohndorf
Pockau
Silberstraße
Wernsdorf
Dittmannsdorf
Talsperre Rauschenbach
Großolbersdorf
Hallbach
Heidersdorf
Neuhausen
Lauterbach
Sorgau
Blumenau
Olbernhau
(445)
Niederseiffenbach
Lauta 2008
Niederlauterstein
Schwartenberg
787
Rittersberg
Zöblitz
Spielzeugmuseum
Seiffen
Freilichtmus.
688
Ansprung
STOCKHAUSEN Spiel- und Erlebniswelt
Oberseiffenbach
Marienberg
Ahornberg
823
Deutscheinsiedel
Pobershau
Brandov
Großrückerswalde
Schaubergwerk „Molchner Stollen"
Rothenthal
Stößerfelsen
Deutschneudorf
817
Steinhübel
Kamenný vrch
842
Hora Svaté Kateřiny
Nová Ves v Horách
Schindelbach
Niederschmiedeberg
Kühnhaide
Malý Háj
Sperrgebiet

117

RADEBEUL
DRESDEN
ADAC
Heide
Cossebaude
Kaditz
Oberwartha
Mobschatz
Briesnitz
Ockerwitz
Trachau
Pieschen
Neustadt
Weisser Hirsch
Bühlau
Ullersdorf
Großerkmannsdorf
DD-Neustadt
DD-Altstd.
Messe
Semperoper
Altstadt
Frauenkirche
Blaues Wunder
Zwinger
Albertinum
Sächs. Dampfsch.
Dt-Hygienemus.
Gr.Garten
Zoo
Striesen
Wachwitz
Gönnsdorf
Weissig
Cunnersdorf
Schullwitz
Dittersbach
Dresdener Elbtal
Dresden-West
Cotta
Elbamare
Gompitz
Löbtau
Plauen
Verk.-mus.
Tolkewitz
Laubegast
Pappritz
Schönfeld
Eschdorf
Malschendorf
Dürrröhrsdorf
Wünschendorf
Rockau
Borsberg
Wurgwitz
Pesterwitz
Zauckerode
Kleinopitz
Windberg-bahn
Kaitz
Prohlis
Leuben
Schloss
Pillnitz
Graupa
Porschendorf
Liebethal
Meusslitz
Niedersedlitz
DD-Südvorstadt
DD-Prohlis
Söbrigen
Grossluga
Sächsische Weinstraße
Lohmen
Tharandt
Bannewitz
Goppeln
Sobrigau
Birkwitz
Pirna
Freital
Rippien
Kleinnaundorf
Bothen
Heidenau
Borna
Rathaus
Miniaturen
Possendorf
Somsdorf
Obernaundorf
Bärenklause-Kautzsch
Röhrsdorf
Görknitz
Barockgarten
Marienkirche
Geibeltbad
Dohna
Dt. Alleenstr.
Rabenau
Oelsa
Lübau
Felsenmühle
Borlas
Karsdorf
Kleincarsdorf
Kreischa
Wittgensdorf
Weesenstein
Müglitz
Krebs
Zehista
Struppen
Maxen
Meusegast
Burkhardswalde
Niederseidewitz
Seifersdorf
Höckendorf
Hermsdorf
Willisch
Mühlbach
Dohma
Neundorf
Leupoldishain
Obercunnersdorf
Malter
Talsperre Malter
Oberhäslich
Hirschbach
Nentmannsdorf
Friedrichswalde
Cotta
Reinholdshain
Hausdorf
Großröhrsdorf
Bahretal
Ottendorf
Langenhennersdorfer
Beerwalde
Dippoldiswalde
Reinhardtsgrimma
Schlottwitz
Niedermühle
Borna
Gersdf.
Berggießhübel
Reichstädt
Niederfrauendorf
Cunnersdorf
Schloss Kuckuckstein
Obercarsdorf
Ulberndorf
Luchau
Glashütte
Liebstadt
Bad Gottleuba-Berggießhübel
Oberfrauendorf
Berthelsdorf
Markersbach
Deutsche Alleenstraße
Kohlkuppe
Döbra
Hartmannsbach
Sadisdorf
Schmiedeberg
Bad Gottleuba
Talsperre Lehnmühle
Johnsbach
Dittersdorf
Börnersdorf
Talsperre Gottleuba
Dönschten
Müglitztal-Bahn
Hennersbach
Breitenau
Oelsen
Hennersdorf
Weißeritztal-bahn
Falkenhain
Ammelsdorf
Tellkoppe
Kipsdorf
Bärenburg
Bärenstein
Oelsener Höhe
Liebenau
Petrovice
Reichenau
Schönfeld
Bärenfels
Wildpark Osterzgebirge
Geising
Lauenstein
Krásný Les
Schellerhau
Altenberg
Pinge
Fürstenwalde
Hermsdorf
Seyde
Geising
Kahleberg
Zinnwald
Fürstenau
Adolfov
Nakléřov
Neuhermsdorf
Rehefeld-Zaunhaus
Hochmoor
Georgenfeld
Cínovec
Silberstollen
Rudný vrch
Telnice
Varvažov
Holzhau
Steinkuppe
Moldava
Fojtovice
Horní Krupka
Chlumec
Habrovice
Český Jiřetín
Pramenáč
Kyšperk
Nové Město
Přestanov
Sobědruhy
Mikulov
Dubí
Běhánky
Krupka
Chabařovice
Fláje
Vodní nádrž Fláje
Proboštov
Srbice
Košťany
Novosedlice
TEPLICE
Modlany
Ústí-n.-L.-Předlice
Loučná
Dlouhá Louka
Hrob
Újezdeček
TEPLITZ-SCHÖNAU
Suché
Ústí-n.-L.-jih Trmice
Domaslavice
Oldřichov
Hrad Osek
Háj u Duchcova
ČESKÁ REPUBLIKA
Klíny
Sedlo
Meziboří
Osek
Jeníkov
Hudcov
Bystřany
Lahošť
Kladruby
Teplice
Zabrušany
Loučná
LITVÍNOV
OBERLEUTENSDORF
Rtyně n. Bílinou
Řehlovice
Křemýž
Duchcov
Dux
Želénky
Bžany
Žalany
Lom
Ledvice
Ohníč
Bořislav
Jezeří
Louka u Litvínova
Hostomice
Světec
Bílina
Kostomlaty pod Milešovkou
Černčice
Horní Jiřetín
Mariánské
Milešovka
5 km
E55
E40
E442
170
172
171
97
253
254
258
382
271
113

Gertewitz
Daumitsch
Dreba
Kleina
stillgelegt
Chursdorf
Kroipa
Muntscha
Zickra
Silberfeld
Zadelsdorf
Badewelt Waikiki
Niederböhmersdorf
Zeulenroda-
(420)
Peuschen
Bahren
Posen
Knau
Plothener Teiche
Dittersdorf
Tegau
Stelzendorf
Burkersdorf
Talsp. Zeulenroda
Kleinwolschendorf
Erb
Keila
Naturpark
Bucha
Plothen
Dragensdorf
Dittersdorf
Rödersdorf
Pahren
Läwitz
Langenwolschendorf
Pöllwitz
Vogt
Tausa
Förthen
Göschitz
Weckersdorf
Leitlitz
Dobia
Oberland
Schöndorf
Volkmannsdorf
Pahnstangen
Pörmitz
Löhma
Reußische Fürstenstraße
Ziegenrück
Neundorf
499
Kirschkau
Wallengrün
Ebersgrün
Wolfshain
Eßbach
Crispendorf
Oettersdorf
94
Görkwitz
Lössau
Unterreichenau
508
Pausa
Arnsgrün
Walsburg
Dörflas
Thierbach
Liebschütz
Grochwitz
Schleiz
(440)
Wüstendittersdorf
Langenbuch
Unterpirk
Bernsgrün
Thüringer
Liebengrün
Möschlitz
Oschitz
Oberböhmsdorf
Thüringen
Ranspach
Oberpirk
Mehltheuer
Burgk
Schleiz
Sachsen
Mühltroff
282
Karolinenfield
Reußische Fürstenstraße
Deutsche Alleenstraße
Schönberg
Drochaus
Syra
Remptendorf
Gräfenwarth
Mielesdorf
Langenbach
Demeusel
Fasendorf
Kauschwitz
Raila
Zollgrün
Wisenta
Kornbach
Leubnitz
Schneckengrün
Röppisch
Kulm
Wernsdorf
Frankendorf
Rodau
Bleiloch-Talsperre
Saalburg-
Unterkoskau
Rößnitz
Pöritzsch
Tanna
Oberkoskau
Tobertitz
Köbitzschwalde
Zoppoten
Schilbach
Stelzen
Kloschwitz
Ebersdorf
Künsdorf
Seubtendorf
Willersdorf
Rodersdorf
Schönbrunn
Saale-Stausee
Spielmes
Reuth
Thossen
Kröstau
Schiefergebirge/
Langgrün
Göttengrün
Rothenacker
Schönlind
Weischlitz
Saaldorf
Bad Lobenstein
Schloss Waidmannsheil
Frössen
Blintendorf
Deutsche Alleenstraße
Steins
Dehles
90
Lobenstein
Gefell
Mißlareuth
Grobau
Kemnitz
Schwand
Obere Saale
Birkenhügel
Göritz
Sparnberg
Dobareuth
Gebersreuth
Gutenfürst
Burgstein
Geilsdorf
Ruderitz
Ullersreuth
Hirschbg.
Mödlareuth
Krebes
Harra
Pottiga
Blankenberg
Rudolphstein
Hirschberg
Juchhöh
Bayern
Münchenreuth
Berglas
Kießling
Oberbertiefendorf
Dröda
Blankenstein
Rudolphstein
Moos
Venzka
Unterhohendorf
Heinersgrün
173
Höllental
Panorama- und Saaletalstr.
Schnarchenreuth
Töpen
Dreieck Hochfranken
Engelhaus
Lichtenberg
Hadermannsgrün
Gottsmannsgrün
Isaar
Unterhartmannsreuth
Blosenberg
Eichenstein
Bug
Hof/Töpen
Zedtwitz
Trogen
Zettlarsgrün
Bad Steben
Reitzenstein
Berg
Joditz
Wiedersbg.
Ottengrün
Issigau
Berg/Bad Steben
72
Feilitzsch
Hof-Ost
Sachsgrün
Marxgrün
Bruck
E441
Kienberg
Gumpertsreuth
Thierbach
Schlegel
Brunnental
Gassenreuth
Rothleiten
Naila/Selbitz
Hof-Nord
Haidt
Neuhaus
Oberhartmannsreuth
Naturpark
Rodesgrün
Köditz
173
HOF
(500)
Kirchgattendorf
729
Naila
(511)
ADAC
Rathaus
Gattendorf
Regnitzlosau
Sellanger
Dreieck Bayerisches Vogtland
Leimitz
Neugattendorf
Regnitzlosau
Lippertsgrün
173
Selbitz
(524)
Wölbattendorf
602
Culmitz
Lipperts
15
Neutauperlitz
Vierschau
Straßdorf
(667)
Marlesreuth
Weidesgrün
Tauperlitz
93
Schwarzenbach a. Wald
Hof-West
Pirk
Döhlau
Draisendorf
Döbra
Leupoldsgrün
Föhrenreuth
Haidengrün
795
15
Kautendorf
Döbra
Neudorf
Möschendorf
Schauenstein
Windischengrün
Konradsreuth
Oberkotzau
Hof-Süd
Baiergrün
Martinsreuth
Frankenwald-Hochstr.
Almbranz
E51
Silberbach
Wurlitz
Günthersdorf
Autengrün
Lehsten
Kleinschwarzenbach
Weißlenreuth
Oberpferdt
Frankenwald
Ahornberg
Fattigau
Quellenreuth
Oberweißenbach
Helmbrechts
(616)
Gottfriedsreuth
Fletschenreuth
Stollen
Fohrenreuth
Gösmes
Meierhof
Reuthlas
Langenbach
Unterweißenbach
726
Wölbersbach
Stobersreuth
289
Pilgramsreuth
Rappetenreuth
Ottengrün
Schwarzenbach
Seulbitz
Martinlamitz
Wüstenselbitz
Hildbrandsgrün
Markersreuth
Münchberg-Nord
Förbau
Hohenberg
593
Lamitz
Ahornis
Wulmersreuth
Bärlas
Gr. Korn-B.
Mittelsauerhof
Poppenreuth
Völkenreuth
Neuensorg
Münchberg-Süd
Weißdorf
Dörflas
825
Steinselb
Untersauerhof
Straas
Münchberg
(547)
Benk
Förmitz
Hallerstein
Weickenreuth
Solg
Mechlenreuth
Porzellanstr.
Pechbrunner Bockelbahn
R. Hirschstein
Spielberg
Marktleugast
Förstenreuth
Mussen
Oberfränk. Bauern
Sparneck
Kirchenlamitz
Niederlamitz
618
Querenbach
Kleinlosnitz
Bergkopf
Epprechtstein
Hohenbuch
Oelschnitz

Greiz
Oberes Schloss
Göltzschtalbrücke
Reichenbach i. Vogtland
Neumark
Heinsdorfergrund
Kirchberg
Zwickau-West
Netzschkau
Mylau
Elsterberg
Lengenfeld
Freizeitpark Plohn
Pöhl
Talsperre Pöhl
Treuen
Rodewisch
Auerbach
Waldbad Brunn
Schönheide
Plauen-Ost
Plauen-Süd
Falkenstein
Ellefeld
Beerheide
Deutsche Raumfahrtausstellung
Naturpark
Erzgebirge/
Vogtland
Deutsche Alleenstraße
Oelsnitz
Schöneck
Muldenberger Stausee
Klingenthal
Vogtlandarena
Tierpark
Kraslice
Adorf/ Vogtl.
Markneukirchen
Erlbach
Freilichtmuseum
Bad Elster
Vogtländisches Freilichtmuseum
Hranice
Háj
Aš
Bad Brambach
Plesná
Luby
ČESKÁ REP.
Kapellen-B.
Selb
Porzellan-
Soos
5 km

110

ZWICKAU
Dom
Schneppendorf
Mülsen
Sankt Michel
Lichtenstein
Hohndorf
Oelsnitz
Lugau
Jahnsdorf
Burkhardtsdorf
Rödlitz
Heinrichsort
Berg-bau-mus
Nieder-würsch-nitz
Niederdorf
Meinersdorf
Sankt Jacob
Mülsen
Sankt Niclas
Neuschönburg
Stollberg-Nord
Erzgebirgsbad
Stollberg
Gornsdorf
Reinsdorf
Ortmannsdorf
Neuwürschnitz
Stollberg-West
Thalheim
Friedrichs-grün
Zwickau-Ost
Hartenstein
Mitteldorf
Brünlos
Hormersdorf
NEU-PLANITZ
Silberstraße
Vielau
Härtensdorf
Zschocken
Thierfeld
Oberdorf
Gablenz
Wilkau-Hasslau
Silber-straße
Hartenstein
Dorfchemnitz
Rottmannsdorf
Schönau
Wildenfels
Raum
Beutha
Streitwald
Culitzsch
Cunersdorf
Grünau
Affalter
Lenkersdorf
Wiesenburg
Burg Stein
Zwönitz
Niedercrinitz
Burkersdorf
Langenbach
Langenweißbach
Kirchberg
Weißbach
Wildbach
Lößnitz
Silberstraße
Schmalspurbahnmuseum
Saupersdorf
Schneeberg
Bad Schlema
Dittersdorf
Leutersbach
Sperrgebiet
Hirschenstein
Aue
Schatzenstein
Hartmannsdorf
St.-Wolfgang-Kirche
Bernsbach
Giegengrün
Lindenau
Grünhain-
Elterlein
Crinitzberg
Zschorlau
Silberstraße
Beierfeld
Sperrgebiet
Lauter
Waschleithe
Schwarzbach
Bärenwalde
Deutsche Alleenstraße
Schaubergwerk
Scheibenberg
Steinberg
Lichtenau
Albernau
stillg.
Schwarzenberg
Raschau
Rothenkirchen
Hundshübel
Schloss
Oberscheibe
Oberstützengrün
Burkhardtsgrün
Bockau
Eisenbahnmuseum
Museum
Markersbach
Wernesgrün
Stützengrün
Morgenleithe
Grünstädtel
Kuhberg
Talsperre Eibenstock
Wolfsgrün
Zwickauer Mulde
Bermsgrün
Erla
Neuheide
Schönheider-hammer
Blauenthal
Antonsthal
Pöhla
Schönheide
Badegärten
Sosa
Sächsisches Schmalspurbahn-museum
Eibenstock
Breitenbrunn
Steinheidel
Sosa-Stausee
Rittersgrün
Deutsche Raumfahrtausstellung
Naturpark
Erlabrunn
Erzgebirge/
Vogtland
Auersberg
Rautenkranz
Brückenberg
Wildenthal
Neustadt
Mlýn
Morgenröthe-
Tellerhäuser
Schaubergwerk „Glöckl"
Tannenbergsthal
Carlsfeld
Johanngeorgenstadt
Potůčky
Gottesberg
Sachsengrund
Talsperre Carlsfeld
Černá
Mühlleithen
Blatenský vrch
Rýžovna
Božídarský
Kiel
Gr. Rammels-B.
Aschberg
Velký močál
Jelení
Zaječí hora
Horní Blatná
Božídarské rašeliniště
Hřebečná
Bublava
Abertamy
Klingenthal
Spičák
Přebuz
Pernink
Plešivec
Tierpark
Pfarr-K.
Stříbrná
Rudné
Nové Hamry
Vysoká Pec
Tisová
Pstruží
Oceán
CESKÁ
Kraslice
Šindelová
Nejdek
Merklín
Krásná
Obora
Počátky
Sněžná
Horní Rotava
Lesík
Pozorka
Oděř
Fojtov
Smolná
Favorit
Suchá
Rotava
Děpoltovice
Nejdecká vrchovina
Hradecká
Černava
Smolné Pece
Velký Rybník
Cirá
Jindřichovice
Tatrovice
Nová Role
Černá
Mezihorská
Liboc
Otovice
Rolava
Oloví
Božičany
Sedlec
Jelení v.
Háj
Horní Rozmyšl
Vřesová
Chodov
Studenec
Mírová
Plačinec
Bernov
Bouči
Vintířov
Jenišov
Libnov
Svatava
Libocký P.
Kirchberg

112
Amtsberg
Kemtau
Weißbach
Schlößchen
Krumhermersdorf
Lengefeld
Haselbach
Forchheim
Dörnthal
Talsperre Saidenbach
Silberstraße
Pfaffroda
Gelenau
Grießbach
Scharfenstein
Hohndorf
Großolbersdorf
Pockau
Wernsdorf
Hallbach
Venusberg
Zschopautal
Lauterbach
Sorgau
Blumenau
Olbernhau
(445)
Thum
Drebach
Herold
Hopfgarten
Lauta 2008
Niederlauterstein
Hilmersdorf
Jahnsbach
Gehringswalde
688
Rittersberg
Zöblitz
Ansprung
Schönbrunn
Ehrenfriedersdorf
Wolkenstein
Marienberg
Pobershau
STOCKHAUSEN Spiel- und Erlebniswelt
Bergwerksmus.
Grubenbahn
Falkenbach
Neundorf
Streckewalde
Großrückerswalde
Schaubergwerk „Molchner Stollen"
Rothenthal
Stößerfelsen
Silberstraße
Thermalbad Wiesenbad
Schönfeld
Tannenberg
Wiesa
Schindelbach
817
Steinhübel
Rübenau
Mauersberg
Niederschmiedeberg
Kühnhaide
Markus-Röhling-Stolln
Mildenau
Sperrgebiet
Geyersdorf
Hirtstein
Arnsfeld
Kalek
Frohnauer Hammer
Dörfel
Frohnau
Pöhlberg
831
St.-Annen-K.
Načetín
Deutsche Alleenstraße
Annaberg-Buchholz
Fuchshöhe
728
Reitzenhain
Jelení vrch
858
Schlettau
Steinbach
Schloss
(610)
Grumbach
Novodomské rašeliniště
Cunersdorf
Preßnitztalbahn
Walthersdorf
Königswalde
Hirtstein
890
Radenc
807
Sehma
Schmalzgrube
Satzung
Preßnitz
Kühberg
768
Sehma-Cranzahl
Hora Svatého Šebestiána
Bärenstein
897
Jöhstadt
Kryštofovy Hamry
Nová Ves
Jelení hora
993
Křimov
Bärenstein
Vejprty
Černý Potok
Celná
Neudorf
Niederschlag
vodní nádrž Přísečnice
Na Loučkách
Výsluní
Kretscham-Rothensehma
Nové Zvolání
965
Velký Špičák
Vysoká
594
Černov
Fichtelbergbahn
Hasištejn
Místo
Málkov
Volyně
727
Hammerunterwiesenthal
Kovářská
Rusová
Volyňský vrch
E442
Fichtelberg
Louchov
1214
Unterwiesenthal
Měděnec
Domašín
Oberwiesenthal
Horní Halže
(320)
Pruněřov
Klínovec
Loučná
Háj
Vykmanov
Klášterec nad Ohří Klösterle
Kadaň
(300)
Tušim
1243
Meluzína
1094
Klášterecká Jeseň
Perštejn
Šumburk
Mikulovice
Rašovice
Pokutice
Suchá
CHKO
Srní
Boč
Lestkov
Úhošť
Úhošťany
Okounov
Kotvina
Osvinov
Himlštejn
Rokle
Krásný Les
Brodce
Damice
R E P U B L I K A
Vinaře
Horní Žďár
Stráž nad Ohří
Květnová
Velká Jehličná
827
Střední Poohří (v návrhu)
Miřetice u Vintířova
Zahořany
Hluboký
(398)
Ostrov Schlackenwerth
Jakubov
Kojetín
Vintířov
Vojkovice
Vilémov
Radonice
Mořičov
499
Hájek
Velichov
Kadaňský Rohozec
Podlesice
Radošov
743
Liboc
Mašťov
Stráň
Dolní Lomnice
Sadov
Bor
Mattoni
Kyselka
Dalovice
Ohře
Sperrgebiet
Dobřenec
Chmelišťná
730
Konice
Dubina
927
5 km
Nepomyšl
KARLOVY VARY KARLSBAD
(447)
Šemnice
Doupovské hory
Bukovina
Podbořanský Rohozec
Dětaňský

KARTENLEGENDE

Autobahn mit Anschlussstelle und Anschlussnummer	Idstein 45 Viernheim	Motorway with junction and junction number
Autobahn in Bau mit voraussichtlichem Fertigstellungsdatum	Datum Date	Motorway under construction with expected date of opening
Rasthaus mit Übernachtung · Raststätte	Kassel	Hotel, motel · Restaurant
Kiosk · Tankstelle		Snackbar · Filling-station
Autohof · Parkplatz mit WC	P	Truckstop · Parking place with WC
Autobahn-Gebührenstelle		Toll station
Autobahnähnliche Schnellstraße		Dual carriageway with motorway characteristics
Fernverkehrsstraße		Trunk road
Verbindungsstraße		Main road
Nebenstraßen		Secondary roads
Fahrweg · Fußweg		Carriageway · Footpath
Gebührenpflichtige Straße		Toll road
Straße für Kraftfahrzeuge gesperrt		Road closed for motor vehicles
Straße für Wohnanhänger gesperrt		Road closed for caravans
Straße für Wohnanhänger nicht empfehlenswert		Road not recommended for caravans
Autofähre · Autozug-Terminal		Car ferry · Autorail station
Hauptbahn · Bahnhof · Tunnel		Main line railway · Station · Tunnel
Besonders sehenswertes kulturelles Objekt	Neuschwanstein	Cultural site of particular interest
Besonders sehenswertes landschaftliches Objekt	Breitachklamm	Landscape of particular interest
Ausflüge & Touren		Excursions & Tours
Landschaftlich schöne Strecke		Route with beautiful scenery
Touristenstraße	Hanse-Route	Tourist route
Museumseisenbahn		Tourist train
Kirche, Kapelle · Kirchenruine		Church, chapel · Church ruin
Kloster · Klosterruine		Monastery · Monastery ruin
Schloss, Burg · Burgruine		Palace, castle · Castle ruin
Turm · Funk-, Fernsehturm		Tower · Radio or TV tower
Leuchtturm · Windmühle		Lighthouse · Windmill
Denkmal · Soldatenfriedhof		Monument · Military cemetery
Ruine, frühgeschichtliche Stätte · Höhle		Archaeological excavation, ruins · Cave
Hotel, Gasthaus, Berghütte · Heilbad		Hotel, inn, refuge · Spa
Campingplatz · Jugendherberge		Camping site · Youth hostel
Schwimmbad, Erlebnisbad, Strandbad · Golfplatz		Swimming pool, leisure pool, beach · Golf-course
Botanischer Garten, sehenswerter Park · Zoologischer Garten		Botanical gardens, interesting park · Zoological garden
Bedeutendes Bauwerk · Bedeutendes Areal		Important building · Important area
Verkehrsflughafen · Regionalflughafen		Airport · Regional airport
Flugplatz · Segelflugplatz		Airfield · Gliding site
Boots- und Jachthafen		Marina

Freiberg: Altstadt

REGISTER

Im Register sind alle in diesem Band erwähnten Orte und Ausflugsziele verzeichnet. Halbfette Seitenzahlen verweisen auf den Haupteintrag, kursive auf ein Foto.

> SCHREIBEN SIE UNS!

Liebe Leserin, lieber Leser,

wir setzen alles daran, Ihnen möglichst aktuelle Informationen mit auf die Reise zu geben. Dennoch schleichen sich manchmal Fehler ein – trotz gründlicher Recherche unserer Autoren/innen. Sie haben sicherlich Verständnis, dass der Verlag dafür keine Haftung übernehmen kann.

Wir freuen uns aber, wenn Sie uns schreiben.

Senden Sie Ihre Post an die
MARCO POLO Redaktion,
MAIRDUMONT, Postfach 31 51,
73751 Ostfildern,
info@marcopolo.de

IMPRESSUM

Titelbild: Schwarzenberg (Bilderberg: Knoll)
Fotos: AJZ: Marcel Georgi (13 u.); Anzenberger (28); Bilderberg: Knoll (1); Ralf Brenner (14 o.); Charterflug Gregor Stahnke (94 M.l.); Daetz-Centrum Lichtenstein GmbH (41); dpa: Thieme (21); Eocus e.V.: Carina Linge (12 u); Foto Weigel Schwarzenberg (16/17, 62/63); ©fotolia.com: Michael Felix (15 u.); J. Gläser (23, 32); Uwe Glaubach (15 o.); HB Verlag: Gaasterland (U. M., 2 r., 3 l., 3 r., 4 l., 22, 36, 44, 46, 57, 64, 87, 88, 98), Scheibner (8/9, 11, 30/31, 39, 48/49, 52, 81, 83, 93); Susann Hempel (12 o.), B. Hiemer (22/23); Ingolf Höhl (13 o.); Huber: Damm (74/75, 76), Mehlig (42/43), Schmid (U. l., 4 r., 6/7, 27, 90/91, 108/109); T. Ihlow (2 l., 3 M., 5, 50, 61, 79, 86, 119), ©iStockphoto.com: Bostjan Brufach (95 o. l.), dwphotos (95 u. r.), Mihaicalin (14 M.), Noam Wind (95 M.l.); V. Janicke (68, 71); H. Lange (37); La Terra Magica: Kühn (U. r., 72); L&H Marketing (94 M.r.); Neue Sächsische Galerie: Mathias Lindner (95 M.r.); Picture Alliance/dpa: Thieme (24/25, 96/97); Picture Alliance/ZB: Thieme (28/29, 29, 34, 58, 100/101); Wolfgang Schmidt (94 u. r.); Uwe Schreier (94 o. l.); K. Sucher (123 l.); Timmermann: Boldt (66); Transit Archiv: Jehnichen (55); B. Wurlitzer (19, 26, 84, 103, 123 r.); Ysteer: U. Beier (14 u.)

8., aktualisierte Auflage 2009

Verlegerin: Stephanie Mair-Huydts; Chefredaktion: Michaela Lienemann, Marion Zorn
Autoren: Kerstin Sucher, Bernd Wurlitzer; Redaktion: Arnd M. Schuppius
Programmbetreuung: Cornelia Bernhart, Jens Bey; Bildredaktion: Gabriele Forst, Ruth Rehbock
Szene/24h: wunder media, München; Kartografie Reiseatlas: © MAIRDUMONT, Ostfildern
Innengestaltung: Zum goldenen Hirschen, Hamburg; Titel/S. 1–3: Factor Product, München
Sprachführer: in Zusammenarbeit mit Ernst Klett Sprachen GmbH, Stuttgart, Redaktion PONS Wörterbücher

Printed in Germany. Gedruckt auf 100% chlorfrei gebleichtem Papier

FÜR IHRE NÄCHSTE REISE

gibt es folgende MARCO POLO Titel:

DEUTSCHLAND
Allgäu
Amrum/Föhr
Bayerischer Wald
Berlin
Bodensee
Chiemgau/Berchtesgadener Land
Dresden/Sächsische Schweiz
Düsseldorf
Eifel
Erzgebirge/Vogtland
Franken
Frankfurt
Hamburg
Harz
Heidelberg
Köln
Lausitz/Spreewald/Zittauer Gebirge
Leipzig
Lüneburger Heide/Wendland
Mark Brandenburg
Mecklenburgische Seenplatte
Mosel
München
Nordseeküste Schleswig-Holstein
Oberbayern
Ostfriesische Inseln
Ostfriesland/Nordseeküste Niedersachsen/Helgoland
Ostseeküste Mecklenburg-Vorpommern
Ostseeküste Schleswig-Holstein
Pfalz
Potsdam
Rheingau/Wiesbaden
Rügen/Hiddensee/Stralsund
Ruhrgebiet
Schwäbische Alb
Schwarzwald
Stuttgart
Sylt
Thüringen
Usedom
Weimar

ÖSTERREICH | SCHWEIZ
Berner Oberland/Bern
Kärnten
Österreich
Salzburger Land
Schweiz
Tessin
Tirol
Wien
Zürich

FRANKREICH
Bretagne
Burgund
Côte d'Azur/Monaco
Elsass
Frankreich
Französische Atlantikküste
Korsika
Languedoc-Roussillon
Loire-Tal
Normandie
Paris
Provence

ITALIEN | MALTA
Apulien
Capri
Dolomiten
Elba/Toskanischer Archipel
Emilia-Romagna
Florenz
Gardasee
Golf von Neapel
Ischia
Italien
Italienische Adria
Italien Nord
Italien Süd
Kalabrien
Ligurien/Cinque Terre
Mailand/Lombardei
Malta/Gozo
Oberital. Seen
Piemont/Turin
Rom
Sardinien
Sizilien/Liparische Inseln
Südtirol
Toskana
Umbrien
Venedig
Venetien/Friaul

SPANIEN | PORTUGAL
Algarve
Andalusien
Barcelona
Baskenland/Bilbao
Costa Blanca
Costa Brava
Costa del Sol/Granada
Fuerteventura
Gran Canaria
Ibiza/Formentera
Jakobsweg/Spanien
La Gomera/El Hierro
Lanzarote
La Palma
Lissabon
Madeira
Madrid
Mallorca
Menorca
Portugal
Spanien
Teneriffa

NORDEUROPA
Bornholm
Dänemark
Finnland
Island
Kopenhagen
Norwegen
Schweden
Südschweden/Stockholm

WESTEUROPA | BENELUX
Amsterdam
Brüssel
Dublin
England
Flandern
Irland
Kanalinseln
London
Luxemburg
Niederlande
Niederländische Küste
Schottland
Südengland

OSTEUROPA
Baltikum
Budapest
Estland
Kaliningrader Gebiet
Lettland
Litauen/Kurische Nehrung
Masurische Seen
Moskau
Plattensee
Polen
Polnische Ostseeküste/Danzig
Prag
Riesengebirge
Russland
Slowakei
St. Petersburg
Tschechien
Ungarn
Warschau

SÜDOSTEUROPA
Bulgarien
Bulgarische Schwarzmeerküste
Kroatische Küste/Dalmatien
Kroatische Küste/Istrien/Kvarner
Montenegro
Rumänien
Slowenien

GRIECHENLAND | TÜRKEI | ZYPERN
Athen
Chalkidiki
Griechenland Festland
Griechische Inseln/Ägäis
Istanbul
Korfu
Kos
Kreta
Peloponnes
Rhodos
Samos
Santorin
Türkei
Türkische Südküste
Türkische Westküste
Zakinthos
Zypern

NORDAMERIKA
Alaska
Chicago und die Großen Seen
Florida
Hawaii
Kalifornien
Kanada
Kanada Ost
Kanada West
Las Vegas
Los Angeles
New York
San Francisco
USA
USA Neuengland/Long Island
USA Ost
USA Südstaaten/New Orleans
USA Südwest
USA West
Washington D.C.

MITTEL- UND SÜDAMERIKA
Argentinien
Brasilien
Chile
Costa Rica
Dominikanische Republik
Jamaika
Karibik/Große Antillen
Karibik/Kleine Antillen
Kuba
Mexiko
Peru/Bolivien
Venezuela
Yucatán

AFRIKA | VORDERER ORIENT
Ägypten
Djerba/Südtunesien
Dubai/Vereinigte Arabische Emirate
Israel
Jerusalem
Jordanien
Kapstadt/Wine Lands/Garden Route
Kenia
Marokko
Namibia
Qatar/Bahrain/Kuwait
Rotes Meer/Sinai
Südafrika
Tunesien

ASIEN
Bali/Lombok
Bangkok
China
Hongkong/Macau
Indien
Japan
Ko Samui/Ko Phangan
Malaysia
Nepal
Peking
Philippinen
Phuket
Rajasthan
Shanghai
Singapur
Sri Lanka
Thailand
Tokio
Vietnam

INDISCHER OZEAN | PAZIFIK
Australien
Malediven
Mauritius
Neuseeland
Seychellen
Südsee

> UNSERE AUTOREN

Die MARCO POLO Insider Kerstin Sucher und Bernd Wurlitzer im Interview

Kerstin Sucher und Bernd Wurlitzer leben in Berlin. Die beiden Journalisten haben sich auf den Tourismus in den neuen deutschen Bundesländern spezialisiert (www.tourismus-journalisten.de). Durch zahlreiche Veröffentlichungen sind sie als profunde Kenner von Erzgebirge und Vogtland bekannt.

Woher kommt Ihre Liebe zum Erzgebirge und zum Vogtland?

K. S.: Wir sind beide in Sachsen geboren und aufgewachsen, Erzgebirge und Vogtland sind also ein Stück unserer Heimat. Wir mögen die weiten Wälder, den Blick von den vielen Aussichtstürmen, die Schaubergwerke, die gewaltigen Hallenkirchen und die Bergparaden. Vor allem aber die Weihnachtszeit, wenn Städte und Dörfer im Lichterglanz erstrahlen. Und nicht zuletzt die aufgeschlossenen und freundlichen Menschen.

Was machen Sie beruflich?

B. W.: Wir arbeiten als Tourismusjournalisten. Ich habe Journalistik und Foto-Design studiert und war schon zu DDR-Zeiten als freier Journalist tätig. Von mir gibt es mehr als drei Dutzend touristische, kunstgeschichtliche und länderkundliche Bücher und viele andere Veröffentlichungen.

K. S.: Ich bin Diplom-Sprachmittlerin; dem Tourismus habe ich mich nach der Einheit zugewandt. In der Klassikerstadt Weimar war ich viele Jahre für das Auslandsmarketing zuständig und habe dadurch die Welt von London bis Tokio bereist. Seit einigen Jahren arbeite ich mit Bernd zusammen, habe mit ihm Reiseführer geschrieben und aktualisiert, ferner sind wir für deutschsprachige Zeitungen im Ausland tätig. Sehr viel Zeit beansprucht die Website www.rasch-mal-weg.info, für die Bernd Redaktionsleiter ist.

Bleibt da Zeit für Hobbys?

K. S.: Ja – man muss sie nur manchmal geschickt mit dem Beruf verbinden. Ich mag klassische Musik und Sprachen, einen guten Roman habe ich stets bei mir. Bernd versucht permanent, den großen Stapel touristischer Fachliteratur und Presseinformationen abzuarbeiten, was ihm aber nie gelingt, weil täglich Neues hinzukommt.

Wie steht's mit Ihrer Leidenschaft für die Küche dieser Region?

B. W.: Ich mag die deftige Küche, Klöße, Eisbein, Rouladen. Aber auch Regionaltypisches wie Saure Flecke, denn mit vielen Speisen, die es nur hier gibt, bin ich aufgewachsen. Kerstin liebt vor allem Quarkkeulchen mit Apfelmus.

> BLOSS NICHT!

Worauf Sie achten sollten, damit Ihr Aufenthalt nicht getrübt wird

Stöckelschuhe tragen

Unangebracht sind Sandalen oder hochhackige Schuhe bei Untertageführungen in bergbaulichen Schauanlagen oder in einem der manchmal mittelalterlich gepflasterten Innenhöfe der Burgen.

Leichtsinnig sein

Große Teile des Erzgebirges sind vom Bergbau unterhöhlt. Daher kommt es zu Geländesenkungen. Schilder „Lebensgefahr" warnen vor dem Betreten solcher Gebiete. Respektieren Sie auch die Hinweise an den Pingen von Altenberg und Geyer, denn das lose Gestein in diesen durch den Bergbau entstandenen Trichtern kommt schnell ins Rutschen.

Sich lustig machen

Ihres Dialekts wegen werden die Sachsen verspottet und verhöhnt. Hüten Sie sich, die Sprache eines Erzgebirglers oder Vogtländers als Sächsisch zu bezeichnen. Denn deren Dialekte weichen stark von der weithin bespöttelten Mundart ab, die zwischen Leipzig, Dresden und Chemnitz gesprochen wird.

Warme Kleidung vergessen

In den Bergbau-Schauanlagen betragen die Temperaturen in einigen Hundert Meter Tiefe oft nur 8–9 Grad. Auch in den mittelalterlichen Burgen mit ihren dicken Mauern ist es selbst an heißen Sommertagen frisch. Deshalb sollten Sie etwas zum Überziehen mitnehmen.

Den Naturschutz missachten

44 Naturschutzgebiete, dazu 151 Flächendenkmale und drei international anerkannte Vogelschutzgebiete gehören zum Naturpark Erzgebirge/Vogtland. In den Schutzgebieten ist der Mensch Gast der Natur, Lärmen ist ebenso untersagt wie das Pflücken von Pflanzen und das Beunruhigen von Tieren.

Sich als Schatzsucher betätigen

Immer noch kommt es vor, dass nach Einbruch der Dunkelheit rücksichtslos am Topasfelsen Schneckenstein gehämmert und gemeißelt wird. Schatzsucher, die bei nächtlichen Kontrollen überrascht werden, müssen mit einem Strafverfahren rechnen.

Den Wetterbericht überlesen

Wettervorhersagen und Hinweise von Einheimischen sollten Sie beachten. In den höheren Lagen, besonders im Fichtelberggebiet, ändert sich das Wetter innerhalb kurzer Zeit. Nebel und Sturm ziehen rasch auf, und im Winter vereisen die Pisten schnell.

Ketchup nehmen

Wer sich die auf dem Holzkohlegrill zubereitete Bratwurst, kurz Roster genannt, mit Ketchup reichen lässt, outet sich als Zugereister. Denn eine Roster wird hierzulande mit Senf gegessen. Erst seit der Einheit steht neben der Senf- auch die Ketchup-Flasche bereit.